기독교인의 서재

# 기독교인의 서재

**초판 1쇄 발행** 2013년 9월 10일

**지은이** 송광택
**펴낸이** 전용준
**펴낸곳** 보아스

**주소** 서울시 마포구 성산1동 629-14번지
**전화** 02-332-1238
**팩스** 02-335-1238
**이메일** boazbook@naver.com

**ISBN** 978-89-98406-04-2  13230

# 기독교인의
## 서재

하나님을 만날 준비가 되어 있습니까?

**송광택** 지음

보아스 BOAZ

바울은 성령 충만함을 받았으나 책을 원했습니다. 그는 적어도 30년간을 설교했으나 책을 원했습니다. 그는 부활하신 주님을 직접 봤는데도 책을 원했습니다. 그는 대부분의 사람들보다 더 많은 경험을 가졌지만 책을 원했습니다. 그는 '셋째 하늘(높은 차원의 영적 세계)'에 이끌리어 올라가 누구에게도 알려서는 안 되는 말을 들었지만 책을 원했습니다. 그는 신약성경의 많은 부분을 기록했는데도 책을 원했습니다. 그러므로 우리는 책을 읽는데 자신을 내어 줘야 합니다.

**찰스 스펄전('설교의 황제'로 불린 19세기 영국의 대표적 설교자)**

# 신앙 성숙을 위한 책 읽기

기독교는 책의 종교요, 성경은 문자로 된 말씀이다. 기록된 책의 말씀을 읽고 생각하고 해석하면서 생활에 적용하는 것이 기독교인의 신앙생활이다.

하지만 초신자에게는 이 신앙생활의 모든 것이 새롭고 "신앙생활은 어떻게 해야 할까?"라는 물음과 약간의 두려움도 갖고 있다. 이를 해결하려면 초신자에게 가장 필요한 기본적인 신앙생활의 방법을 소개해줘야 한다.

아이가 태어나면 부모가 최선을 다해 돌봐주듯이 초신자도 하나님의 자녀로 성장할 수 있도록 보호와 양육을 받아야 한다. 음식을 먹을 때도 아이는 부드러운 음식에서 시작해 단단한 음식을 먹는 단계로 넘어간다. 마찬가지로 초신자도 이와 비슷한 과정을 거치면서 성숙한 신자가 된다.

초신자는 처음에 교회 분위기와 내부 의식에 어색함을 느끼고 낯설어 한다. 또한 호기심과 불안감이 공존한다. 그래서 대부분 교회 뒷자리나 구석자리를 찾는다. 이들을 위해서 교회 공동체는 어떻게 해야 할까? 당연히 체계적인 교육과 개인적인 돌봄은 필수이며 아울러 신앙생활의 기초를 바르고 탄탄하게 세울 수 있도록 해줘야 한다.

이 책의 목적은 초신자가 신앙서적을 통해 신앙의 기본을 갖추도록 도와주는 것이다. 복음을 듣고 교회의 일원이 된 초신자는 '그리스도의 장성한 분량이 충만한 데까지(에베소서 4장 13절)' 자라야 한다.

초신자가 믿음을 이해하고 신앙생활을 잘 하려면 좋은 책을 많이 읽어야 한다. 초신자에게 독서는 어떤 의미가 있을까? 왜 기독교인은 책(신앙서적)을 읽어야 하는가?

첫째, 성경을 이해하기 위해서다. 기독교인은 진리 안에서 자유를 누리는데 오직 성경적 진리만이 참자유를 준다. 기독교인의 삶은, 진리를 추구하는 순례자의 삶이다. 하나님의 뜻을 이해하고 분별하고 실천하고자 하는 열망으로 책을 읽어야 한다.

둘째, 신앙의 뿌리를 깊이 내리기 위해서다. 기독교인은 신앙의 깊이와 넓이를 더하기 위해 좋은 책을 많이 읽어야 한다. 한 평신도가 오랜 세월 동안 해결하지 못했던 한 가지 문제를 책을 통해 해결했다는 말을 들은 적이 있다. 그 책을 권한 필자는 큰 보람을 느꼈다.

셋째, 풍성한 삶을 발견하고 누리기 위해서다. 사람은 곧 그가 읽은 책이다. 내면에 아름답고 고상한 그 무엇을 저장할 때 아름다운 언행이 나타난다. 벤저민 프랭클린은 "독서는 정신적으로 충실한 사람을 만든다"고 했다. 아름다운 언행을 하고 정신적으로 충실해지는 삶이 바로 풍성한 삶인데 기독교인은 이러한 삶을 누리기 위해 독서를 해야 한다. 풍성한 삶은 의미 있는 삶이요, 목적과 소명이 인도하는 삶이다. 기독교인은 전인(全人)의 균형 있는 성숙을 추구해야 영적으로 풍성한 삶을 누릴 수 있다. 이때 독서는 전인의 성숙에 이바지한다.

초신자는 책 읽기를 통해 기독교인으로서 얻는 유익을 향유할 수 있고 성경과 기독교 고전, 신앙서적과 양서를 통해 기독교 세계관을 세울 수 있다. 더 나아가 기독교인은 독서로 영적 성숙을 위한 자양분을 얻을 수 있다.

교회 역사를 보면 기독교 고전과 신앙서적은 진리의 등불과 양심의 안내자, 교회개혁과 부흥의 도구가 되기도 했다. 때로는 박해당하는 성도들의 위로자가 되고 상처 입은 자들의 의사가 되었다. 청교도들은 "책은 설교자가 설교할 수 없는 때에도 설교하고, 가르치기 싫을 때에도 가르치며, 아무 일도 할 수 없게 된 때조차 사람들을 깨우며 일한다"라고 했다.

초신자의 책 읽기를 강조하는 이유는 머리만 큰 신자를 만들자는 것이 아니다. 기독교인의 앎(지식)은 그 자체가 목적이 아니다. 아는 것을 행하는 것이 바로 기독교적 앎의 모든 것이다. 진정한 앎은 행함으로 증명되어야 한다. 그러므로 바른 앎과 건강한 신앙, 그리고 경건의 실천을 위해 초신자는 끊임없이 읽고 또 읽어야 한다.

필자는 신앙생활을 시작한 초신자나 신앙 성숙을 갈망하는 신자를 위한 양서를 소개하고자 이번 책을 집필했다. 본문에서 다룬 책들과 '더 읽어볼 책'의 책들을 한 권씩 읽다 보면 신앙의 새 지평이 보이고 성숙을 위한 디딤돌을 발견하게 될 것이다.

또다시 한 권의 책을 교회 앞에 내놓으면서 많은 분의 격려와 기도에 감사하지 않을 수 없다. 독서지도사 양성의 기회를 준 총신대학교 평생교육원과 전문교육아카데미 실무자 여러분, 독서지도사 과정 수료생들에게도 머리 숙여 감사하고 싶다.

북리뷰의 지면을 제공해준 월간《교사의 벗》,《워십리더》는 좋은 책을 알리는 일에 큰 도움이 되었다. 극동방송의 신간 소개 코너와 CTS라디오 JOY의 '북 콘서트'에 참여할 수 있었던 것은 내 삶의 기쁨이었다. 끝으로 사랑하는 부모님과 올곧은 아내, 슬기로운 딸과 신실한 아들에게 사랑을 전한다.

**글향기 도서관에서**
**송 광 택**

# 1장
# 믿음의 첫걸음을 내딛고 싶을 때

'시작이 반'이라는 말이 있다. 시작이 그만큼 중요하다는 의미다. 하지만 여러 시작 중에서 쉽지 않은 시작도 있다. 믿음의 세계로 한 걸음 내딛는 일이 그렇다.

한걸음 내딛는 일, 바로 첫걸음이 믿음에도 필요하다. 물론 그 믿음에는 노력이 많이 필요하다.

미국의 캠퍼스 사역자 돈 에버츠는, 한 사람이 진정한 신자가 되기까지 거치는 영적 여정은 일반적으로 다섯 단계라고 말했다(물론 예외도 있다). 이 단계를 다섯 개의 문턱으로 설명하고 있다.

첫 번째 문턱은 기독교인을 신뢰하는 단계, 두 번째 문턱은 기독교 신앙에 호기심을 품는 단계, 세 번째 문턱은 변화에 마음을 여는 단계이다. 네 번째 문턱은 하나님을 찾는 단계, 다섯 번째 문턱은 하나님 나라에 들어서는 단계, 즉 진정한 의미의 기독교인이 되고 교회 공동체의 일원이 되는 단계이다.

다섯 개의 문턱을 거쳐야 하듯이, 믿음은 하루아침에 생기지 않는다. 그래서 하나님은 믿음의 싹을 키우기 위해 다양한 방법을 사용하신다. 믿음을 삶으로 보여주는 사람들이 도와주기도 하고 때로는 신앙인물의 전기가 마음의 문을 열기도 한다. 우연히 집어든 신앙서적을 읽다가 무릎을 꿇고 하나님을 삶의 주인으로 받아들이는 사람도 있다.

20세기 최고의 강해 설교자 마틴 로이드 존스는 믿음이 굳게 서는 방법에 대해 다음과 같이 말했다.

"믿음에 대해 다시 생각하고, 믿음에 관한 책을 읽고, 그 책들을

연구하고 소화해야 한다."

　믿음은 예수 그리스도 안으로 들어가는 것이다. 이 놀라운 믿음의 첫걸음을 내딛고 싶을 때, 우리는 어떤 책의 도움을 받을 수 있을까?

　이번 장에 소개하는 책들 중에서 박영덕 목사의 『차마 신이 없다고 말하기 전에』와 폴 리틀의 『이래서 믿는다』는 초신자들에게 꾸준히 사랑을 받은 스테디셀러다. 다른 책들도 믿음의 기초를 세우는 데 도움을 주는 양서들이다. 이 책들을 정독한 독자는 신앙의 걸음이 튼실해질 것이다. 그리고 C. S. 루이스처럼 다음과 같이 고백하게 될 것이다.

　"저는 태양이 떠오르는 것을 믿듯 기독교를 믿습니다. 그것을 보기 때문이 아니라 그것에 의해서 다른 모든 것을 보기 때문입니다."

# 의심의 벽을 넘어 믿음의 문으로

『차마 신이 없다고 말하기 전에』
**박영덕** 지음 | IVP

이제 무턱대고 믿는 시대는 지나갔다. 우리는 '왜 믿어야 하는지'에 대한 대답을 듣기 원하는 시대에 살고 있다.

총 5장으로 구성된 이 책은 기독교와 신의 존재에 관한 여러 의문과 의심을 다룬다. 저자인 박영덕 목사는 친절한 멘토로서 독자에게 기독교에 대한 질문과 궁금증을 설명해준다. 분량도 130여 쪽이어서 누구나 부담 없이 읽을 수 있다.

'1장 차마 신이 없다고 말하기 전에'는 무신론과 유신론의 문제를 다루고 있다. 저자의 말에 의하면, 유신론자처럼 무신론자도 어떤 믿음을 갖고 있다고 한다. 무신론자는 넓게는 엄청난 우주가, 좁게는 지구상의 모든 것이 우연히 생겼다고 믿는다. 그러나 모든 것이 우연히 생겼다고 믿을 수 있어도 이렇게 생각하고 말하는 나 자신조차 우연히 생겼다고 믿는 것은 쉬운 일이 아니다. 그래서 무신론자가 되는 것은 사실 쉽지 않다.

누군가는 신이 없다고 믿기 어려우므로 신이 있음을 믿겠다고 할지 모르겠다. 그러나 이 역시 올바른 태도는 아니다. 신이 있다는 증거가 있을 때 믿어야 한다. 저자는 이렇게 말한다.

"정말 신이 있다고 믿을 만한 증거가 있을까? 만약 그렇다면 믿어라. 단, 무조건 믿지는 말라. 그것이야말로 또 하나의 편견이 될 수 있기 때문이다."

수많은 종교에 대해 일일이 알아보고 신의 존재를 찾아가는 작업은 사실상 불가능하므로 세계 5대 종교에 대해 우선 살펴보고 있다.

불교는 석가의 가르침을 받아 팔정도(八正道)의 방법으로 욕망을 근절하고 열반에 들고자 하는 종교다. 그런데 석가는 일반 종교 창시자와 달리 자신의 신성을 선언하지 않았고 사실 신에 대해 불가지론자였다. 결국 불교는 무신론이므로 이 종교에서는 신을 발견할 수 없다.

유교는 철학이며 이를 통해 교양 있고 예의 바른 인격자가 될 수 있는 윤리를 제공하지만 신에 대해서는 아무런 해답을 제공해주지 못한다.

힌두교는 자아를 육체적 욕망에서 해방시켜 세상 혼과 합치시키고 윤회를 피해 무한세계에 이르는 목표를 가진 종교인데, 신은 창조자라기보다는 창조물 전체와 동일시된다. 힌두교에서 믿는 브라만 신은 인간 속에서도 찾을 수 있으므로 인간을 포함한 모두가 신이 될 수 있다고 본다.

이슬람교는 절대 유일하고 전지전능한 천지 만물의 창조자이자 지배자인 초월 신 '알라'를 믿는다. 이 종교는 율법주의를 따르므로 구원을 받기 위해 인간을 끊임없이 행위와 규범의 노예로 만든다. 유신론이지만 기독교의 신관과는 본질적으로 다르다.

기독교는 처음부터 신에 대해 언급하는 유신론이며 하나님의 존재를 인정하고 선포한다. 기독교는 신에 대해 분명하게 언급하므로, 우리는 그것이 사실인지 아닌지를 탐구해보고 결정할 수 있는 기회를 가지게 된다.

'2장 기독교를 멀리하는 열여섯 가지 이유'는 제목처럼 기독교를 멀리하는 이유를 열여섯 가지 열거하면서 그에 대한 답을 명쾌하게 주고 있다. 기독교를 믿지 않는 이유 중 하나가 여러 가지 오해에 가려 정작 기독교가 가르치고자 하는 진짜 내용을 알지 못하는 것이라고 한다. 그 오해를 열여섯 가지로 정리했다.

1. 예정된 사람이라면 교회에 나가지 않아도 구원받을 것이 아닌가?

2. 하나님이 계시다면 왜 악인을 그대로 두는가?

3. 진화냐, 창조냐?

4. 교회 나가는 나쁜 사람과 교회에 나가지는 않지만 착한 사람 중 누가 구원을 받겠는가?

5. 모든 종교는 다 마찬가지다.

6. 인간이 연약해서 신을 만들었다.

7. 신의 존재는 믿겠는데 왜 그분이 꼭 기독교의 하나님인가?

8. 기독교는 서양종교다.

9. 그리스도인 친구의 생활이 좋지 않다.

10. 죄가 너무 많아 지금은 교회에 나가지 못하지만 차차 정리되면 나가겠다.

11. 술, 담배를 끊어야 하기 때문에 교회에 못 나가겠다.

12. 왜 선악과를 만들었나?

13. 우리나라에 복음이 들어오기 전의 사람들은 어떻게 되었는가?

14. 성경이 하나님의 말씀인가?

15. 기독교의 하나님이 참신이라 해도 왜 내가 꼭 기독교를

믿어야 하는가?

16. 죽기 바로 전에 믿겠다.


이런 여러 가지 이유로 지금까지 몇십 년 동안 기독교에 거리를 둔 채 굳건하게 버틴 사람들이 있다. 여러 장애요소가 앞을 가로막고 있기 때문에 한 번도 기독교를 제대로 알 기회를 갖지 못한 것이다. 저자는 각각의 의문에 대해 명쾌한 답을 준 후, 3장부터 기독교에 대해 본격적으로 소개하고 있다.

'3장 기독교의 참모습'에서는 먼저 창조주이신 하나님을 소개하고 있다. 기독교는 '하나님이 존재한다'라는 사실에서 시작한다. 하나님이 인간을 만드셨기 때문에 인간이 하나님을 떠나면 파멸을 초래할 뿐이다.

하나님은 인간을 생각하는 존재로 만드시고 자유의지를 부여하셨다. 인간은 자신이 한 일에 책임을 져야 한다. 그래서 하나님은 선악과를 일종의 기준으로 삼으셨다. 선악과를 따먹는 행위는 하나님 말씀에 불순종하는 것이다.

하지만 인간은 사탄의 꾐에 빠져 자발적으로 하나님과의 관계를 깨고 하나님의 다스림을 벗어나 독립했다. 이러한 상태가 '죄'라고 성경은 지적한다. 완전하신 하나님 아버지의 품을 떠난 인간은 불완전한 존재이다. 타락한 인간은 무엇인가 만족할 만한 목표를 좇아가지만, 늘 채워지지 않는 빈 구멍이 있다. 그리고 모든 인간은 결국 다 죽는다. 죽음이라는 장벽 앞에서 인간은 신을 생각할 수밖에 없다.

인간은 구원받으려고 노력하지만 하나님으로부터 벗어나 있기 때문에 구원받을 수 없다. 나무가 뽑히면 이미 죽은 나무가 되는 것과 비슷하다. 인간은 죄를 짓기 때문에 죄인이 된 것이 아니라 근본이 죄인이기 때문에 죄를 짓는 것이다. 그러한 죄성은 인간 스스로 고칠 수 없다.

대부분의 종교에서는 인간의 모순성을 지적하고 고치기 위한 여러 가지 방법을 제시한다. 그러나 기독교에서는 그런 여러 가지 노력으로는 회복이 불가능하며 가장 좋은 방법은 창조주에게 돌아가는 것이라고 말한다.

하나님과 단절되어 살아가는 인간들은 세 가지 어려움을 안고 있다.

첫째, 신을 알 수 없다는 것이다. 인간은 이미 죄 안에 갇혀 있어서 하나님과 철저히 분리되어 있고 빛과 어둠처럼 도저히 함께 거할 수 없다는 말이다.

둘째, 신을 알아도 신 앞에 나아갈 길이 없다. 하나님은 공의로운 분이기 때문에 죄인인 인간은 그 앞에 설 수 없는 것이다.

셋째, 의심이 생긴다. 신의 존재와 구원의 길을 알아도 현실의 삶에 익숙한 인간은 초자연적인 신에 대해 본능적으로 의심을 갖게 된다.

이러한 이유들로 인간은 구원받을 기회를 가질 수 없었다. 이것이 바로 구원받기 전 인간의 근본적인 실존이라고 성경은 지적한다.

따라서 구원은 하나님에 의해 우리 밖에서 우리를 위해 주어진다. 성경에 의하면 예수님은 하나님과 인간 사이의 막힌 담을 헐고 구원의 길을 열어 주셨다. '하나님이 세상을 이처럼 사랑하사 독생자를 주셨으니, 이는 그를 믿는 사람마다 멸망하지 않고 영생을 얻게 하려 하심이라(요한복음 3장 16절).'

예수님은 건강한 자에게는 의사가 필요 없고 병든 자에게만 필요하듯이 자신은 의인을 부르러 온 것이 아니라 죄인을 불러 회개시키러 왔다고 하셨다(누가복음 5장 31절~32절). 예수님은 모든 사람을 위해 십자가에 달리셨다. 이것이 바로 기독교 구원의 핵심내용이다.

'4장 신이 있다는 두 가지 증거'에서는 제목처럼 두 가지 증거를 제시한다. 하나님이 있다는 그 증거는 무엇일까?

하나님이 있다는 첫 번째 증거(객관적 증거)는 예수 그리스도의 부활이다. 하나님의 아들이신 예수 그리스도는 죽었다가 부활하셨다. 예수님은 자신이 하나님의 아들이라는 사실을 부활로 입증하셨다. 부활의 증거는 다음 내용으로 알 수 있다.

첫째, 안식일을 철저히 지키던 유대인들이 안식일 대신 일요일을 주일로 지키게 되었다는 점이다. 성경에 기록된 것처럼, 안식 후 첫날에 예수님의 부활을 기념하여 모이면서 일요일을 주의 날로 정해 안식일로 지키게 되었다.

둘째, 예수가 부활한 후 사람들이 모여 교회라는 공동체가 생겼다는 사실이다.

셋째, 신약성경에 기록된 예수 그리스도의 부활 기록이다. 성경은 1세기경에 기록되었는데 그 시기는 예수 그리스도의 부활을 목도한 수많은 사람이 실제로 존재하던 때였다.

넷째, 로마 황제들의 핍박 속에서도 기독교가 끈질기게 살아남았다는 것이다. 기독교에 대한 박해가 많이 있었지만, 기독교인이 신앙을 포기하게 만들지 못했다. 기독교인들에게는 부활이라는 확실한 증거가 있었기 때문이다.

다섯째, 예수의 무덤이 비어 있었다는 사실과 그분께서 나타났다는 사실이다.

예수를 세 번이나 부인했던 베드로도, 온갖 고난과 핍박을 견디며 복음을 전파하다 순교한 바울도 실제로 부활한 예수님을 만났기 때문에 부활을 믿을 수밖에 없었다. 또한 제자들 외에 당시 500여 명이 부활하신 예수님을 일시에 본 것으로 기록되어 있다. 이 부활의 사실성을 받아들일 때 우리에게 믿음이 생긴다.

하나님이 있다는 두 번째 증거(주관적 증거)는 기도의 응답이다. 물론 이 주관적인 증거는 다른 사람들에게 설득력이 약할 수도 있다. 몇 번 기도한 것이 응답되었을 때 우연이라는 생각이 들 수도 있다. 그러다가 계속 응답을 받게 되면 더 이상 우연이라고 말할 수 없는 순간이 오고 그때부터 우리의 신앙이 자라게 된다. 저자는 자신의 개인적인 기도 응답을 예로 들면서 그 증거를 제시한다.

'5장 구원을 향한 첫걸음'에서 저자는 구원의 의미를 설명한다. 구원이란 자신이 죄인이라고 인정하면서 하나님께 돌아가는 것을 말한다. 하나님을 떠났던 인간이 하나님 품에 안기는 것이 구원이다.

구원에는 두 단계의 절차가 있다. 바로 회개와 믿음이다. 회개란 하나님께 불순종하며 기억하기조차 힘들 만큼 저지른 수많은 죄에 대해 하나님께 고하고 용서를 구해 삶의 방향을 바꾸는 것이다.

회개한 다음에는 주 예수님을 믿어야 한다. 주 예수가 십자가에 달리신 것이 나의 죄를 대신 용서하기 위함이었음을 받아들이기로 결정해야 한다. 동시에 이제는 그분이 나의 삶을 인도할 주인이 되어주심을 인정해야 한다.

그 순간 우리는 원래의 모습 그대로 하나님의 자녀로 회복된다. 예수님을 믿고 나서 잘못을 범할 수 있지만, 잘못을 깨달을 때마다 회개해야 한다. 신앙을 갖고 죄와 싸워 이기는 과정에서 우리는 점점 깨끗하고 거룩한 사람이 될 것이다.

예수님께 가면 기쁨과 평안, 그리고 풍성한 삶이 있다. 저자는 지금까지 어떤 모습으로 살아왔든지 이 순간의 결정은 영원한 생을 결정지을 만큼 중요하다고 말한다.

# 기독교는 믿을 만한가요?

『이래서 믿는다』
**폴 리틀** 지음 | **생명의말씀사**

트리니티 복음주의 신학교의 전도학 교수였던 폴 리틀의 『이래서 믿는다』는 세계 많은 독자의 검증을 받은 책이다.

현대적 고전의 반열에 들어간 이 책은 '복음주의권을 움직인 중요한 50권' 중 한 권이다. 빌 하이벨스는 이 책을 추천하면서 '나는 이 책을 여러 차례 읽었으며 진리를 찾거나 새로 회심한 수많은 사람에게 권했다'고 했다. 탁월한 기독교 변증가인 조시 맥도웰은 '폴 리틀은 성경적인 기독교에 관한 물음들에 대해 명쾌하게 답한다. 우리를 살아 계신 하나님께로 이끄는 유일한 길인 예수 그리스도를 믿게 해주는 합리적 근거를 보여준다'고 추천했고, 20세기의 탁월한 전도자 빌리 그레이엄은 이 책이 학문

적이고 논리정연하며 간단명료하다고 칭찬했다.

당신은 왜 기독교를 믿는가? 확실한 이유를 설명할 수 있는가? 우물쭈물 얼버무리며 진땀을 빼고 있는가? 그것도 아니면 속으로 같은 질문을 하면서 누가 대답해주기를 기다리고 있는가? 절대로 그럴 필요가 없다. 기독교는 확고한 기초 위에 서 있다는 사실을 저자 폴 리틀은 분명한 목소리로 증언한다.

20여 년 동안 강의사역을 해온 폴 리틀은 청중의 부류에 상관없이 흔히 제기되는 질문 12가지가 있음을 발견했다. 그는 그 질문들을 '예측 가능한 질문'이라고 정의하고, 성경과 성경학자들에 대한 연구를 통해 나름대로 답을 찾아냈다. 그 답에 폴 리틀의 부인인 마리 리틀이 고고학과 과학의 특정 분야에서 찾은 예화를 보탠 것이 바로 이 책이다.

'1장 기독교는 합리적인가'에서 저자는 먼저 누구에게나 믿음이 중요하다는 믿음의 보편성을 설명한다.

첫째, 누구나 매 순간 믿음을 사용한다. 믿음을 사용하지 않는 것은 불가능하다.

우리는 의사가 치료를 제대로 해줄 것을 믿는다. 택배원이 물건을 제대로 배달해줄 것을 믿는다. 그들이 정직하다고 생각한다. 이 경우에서 믿음은 신뢰이다. 현실과 의미 있게 교류하기 위해서는 최소한의 믿음을 지녀야 한다.

둘째, 믿음은 그 대상만큼만 확실하다. 검증되지 않은 음식이나 무자격 의사나 부정직한 사람을 믿는다고 해도, 그 믿음은 확실하지 않다. 반면 빈약한 믿음이라도 그 대상이 신뢰할 만한 경우에는 긍정적인 결과를 낳는다. 예를 들어, 두껍게 얼어붙은 강을 건너야 한다고 해보자. 그 강에 대해 믿음이 약해도 강의 얼음은 당신의 체중을 지탱해줄 것이다.

셋째, 믿음의 대상에 대한 신뢰성 테스트는 합리적이며 분명 권장할 만하다. 지혜는 믿음의 대상에 대한 진실성을 점검하게 하고 파악하도록 해준다.

당신은 기독교를 믿을 수 있는가? 저자의 답은 명쾌하다. "당신은 믿을 수 있다. 왜냐하면 기독교는 참되고 합리적이기 때문이다."

'2장 하나님은 존재하는가'에서는 하나님의 존재에 대해 말한다. '하나님은 존재하는가?'는 생각이 깊은 사람이라면 누구나 한번쯤 고민해본 질문이며, 이 질문에 대한 답은 각자의 삶에 광범위하게 영향을 미치기도 한다. 인생에서 이보다 더 심오한 질문도 거의 없을 것이다.

하나님을 증거하는 것은 무엇인가? 인류학적 연구에 따르면 오늘날 모든 지역의 사람들 속에 하나님을 향한 보편적 믿음이 존재한다고 한다. 전 세계 민족의 초기 역사와 설화에는 '유일하신' 창조주 하나님에 관한 개념이 들어 있다. 심지어 오늘날의 다신론 사회에도 유일신 개념이 깃들어 있다. 이 미지의 신에 여러 가지 개념이 덧붙여졌는데도 한 분, 하나님에 관한 개념은 존속되어 왔다.

저자 폴 리틀의 말에 의하면, 기독교인이든 비기독교인이든 누구나 기본적으로 선택해야 할 사항이 있다. '우주와 인류의 시작은 우연에 의한 것인가, 목적과 계획에 따른 것인가?' 누구나 이 질문을 직면하고 피하지 말아야 한다. 이 물음에 관한 대답이 삶의 방향과 내용을 결정짓기 때문이다.

저자의 말에 의하면, 하나님의 존재를 뒷받침하는 증거가 많이 있다. 하나님이 계심을 보여주는 일반적 증거는 창조와 역사다. 또한 오늘날 많은 사람의 삶 속에서 엿볼 수 있는 하나님의 임재(臨在)이다. 예수 그리스도를 믿는 개인이나 공동체에서 일어나는 변화도 중요한 증거라고 말한다. 그러므로 믿음을 가질 때 사람들은 이 하나님을 각자의 경험 속에서 알 수 있다.

저자는 이어서 '그리스도는 하나님인가?'(3장), '그리스도는 다시 살아나셨는가?'(4장) 등의 질문을 다룬 후 '성경은 하나님

말씀인가?'(5장)라고 묻는다.

성경은 분명 평범한 책이 아니다. 평범한 교과서가 아니며, 소크라테스나 플라톤 같은 철학자들의 논문이 아니다. 구약성경에는 '하나님의 말씀'이라는 표현이 394회 나오며, 그 외에도 율법, 율례, 법도, 계명, 규례와 같은 동의어들을 많이 사용한다. 신약성경은 구약성경을 '하나님의 말씀'으로 인용한다. 성경은 약 40명의 기자가 썼지만, 하나님의 배려와 인간의 반응이라는 한 가지 주제를 보여준다. 이 주제가 처음부터 끝까지 실타래처럼 연결되어 있다.

성경 기자들은 단순한 기록 기계가 아니다. 각 기자는 나름대로 스타일을 갖고 있었다. 예레미야와 이사야의 문체가 달랐고, 요한과 바울의 문체도 달랐다. 하나님은 사람을 도구로 활용하셨지만, 그들을 인도하고 통제해 당신이 원하는 내용을 쓰게 하셨다고 저자는 말한다.

예수님은 성경을 어떻게 이해하셨는가? 예수님은 성경 말씀을 최종 권위로 인용하셨고, 광야에서 사탄의 시험에 직면했을 때처럼, 종종 '기록되었으되'라는 표현으로 성경 본문을 제시하셨다. 그리고 자신과 자신의 삶을 둘러싼 사건들을 가리켜 성경의 성취라고 말씀하셨다.

성경이 하나님의 말씀임을 확언하는 또 한 가지 사실은, 성취된 수많은 예언을 기록하고 있다는 것이다. 이 예언들은 오늘날 점쟁이들이 제시하는 일반론적이고 애매한 예고와는 전혀 다르다. 성경에 나오는 많은 예언은 구체적이고 상세하다.

성경이 하나님 말씀이라고 믿을 수 있는 증거는 허다하다. 특히 성경을 읽을 때, 성령의 확증으로 말미암아 마침내 의심은 사라지고 성경이 하나님의 말씀이라는 믿음이 굳건해진다. 성경을 읽으면 생각이 밝아지고 마음에 감동을 받으며 성경의 메시지를 확실하게 깨달을 수 있다고 저자는 말한다.

이외에도 저자는 이 책에서 '성경은 믿을 만한가?', '고고학이 성경의 진실성을 입증하는가?', '이적은 가능한가?', '과학과 성경은 일치하는가?'처럼 다양한 질문을 던진다. 이뿐만 아니라 '왜 하나님은 고통과 악을 허용하실까?', '기독교적 체험은 타당한가?'와 같은 까다로운 질문에 대해서도 성실하게 답하고 있다.

이 책은 어렴풋한 믿음을 확고한 믿음으로 바꿔주는 내용으로 가득하다. 12가지 핵심 질문에 대한 답을 따라가다 보면 의심은 사라지고 건강한 믿음이 뿌리 내릴 것이다.

# 구원의 확신에 관한 명쾌한 해설서

『구원의 확신』
R. C. 스프롤 지음 | 생명의말씀사

이 책은 '구원의 확신' 문제에 대한 쉽고 명쾌한 해설서다. "내가 구원받았다는 것을 어떻게 알 수 있는가?"라는 질문에 저자는 "개인을 회심하게 하는 것은 인간의 결심이 아니라, 성령의 능력"이라고 말한다. 결신하고, 강단 앞으로 나가고, 손을 들고, 카드에 서명하는 것으로 하나님 나라에 갈 수 없다. 마음속에 참믿음이 있어야만 하나님 나라에 갈 수 있다는 것이다.

저자는 마태복음 7장 21절에서 23절의 말씀에 주목한다.

'나더러 주여, 주여 하는 자마다 다 천국에 들어갈 것이 아니요. 다만 하늘에 계신 내 아버지의 뜻대로 행하는 자라야 들어가리라. 그 날에 많은 사람이 나더러 이르되 주여, 주여 우리가 주의 이름으로 선지자 노릇하며 주의 이름으로 귀신을 쫓아내며 주의 이름으로 많은 권능을 행하지 아니하였나이까 하리니, 그 때에 내가 그들에게 밝히 말하되 내가 너희를 도무지 알지 못하니 불법을 행하는 자들아 내게서 떠나가라 하리라.'

이 구절에서 예수님의 말씀은 마지막 심판을 예고한다. 이 두려운 경고의 말씀 가운데 특별히 중요한 대목은 그 첫 부분, 곧 '나더러 주여, 주여 하는 자마다 다 천국에 들어갈 것이 아니요'라는 말씀이다. 예수님은 '그 날에 많은 사람이 나더러 이르되 주여, 주여' 할 것이라고 말씀하셨다.

여기서 '주여, 주여'의 의미는 무엇인가? 저자의 말에 따르면, 이름이나 호칭을 거듭 되풀이하는 것은 상대방과의 관계가 친밀함을 암시한다.

기독교인으로서 신앙을 고백할 때 반드시 우리 자신을 향해 이런 질문을 던져야 한다.

"내가 마지막 심판의 날에 천국에 들어갈 것으로 생각하고 그리스도를 친밀하게 일컫지만, 결국 그 앞에서 쫓겨날 수밖에 없는 사람들 가운데 속해 있지는 않을까?"

"내가 은혜의 상태에 있다는 자신감이 혹시 잘못된 것은 아닐까? 나 자신을 기만하지 않았다는 것을 어떻게 알 수 있을까?"

저자는 구원의 확신에 관한 문제가 오랫동안 교회 내에서 논란을 많이 일으켜 왔다고 말한다. 심지어 많은 교회가 '구원이 될 수 있을까'라는 말까지 거론하기에 이르렀다.

로마 가톨릭교회는 16세기에 트렌트 종교회의에서 "극히 드문 경우를 제외하고는 구원의 확신이 불가능하다"라고 주장했다. 일반 신자들은 구원을 확신할 수 없다고 그들은 믿었다. 로마교회는 구원의 확신이 하나님의 특별한 계시가 없는 한 절대 있을 수 없다고 주장했다.

일부 개신교 신자들도 오늘 구원을 확신했다가 내일 그 확신을 잃을 수 있다고 믿었다. 그들은 한때 믿음이 있었더라도 믿음을 버리고 구원을 상실할 가능성이 있다고 생각했다. 그러나 책의 내용에 따르면, 우리가 현재 은혜의 상태에 있다는 것만이 아니라 사후에도 여전히 은혜의 상태에 있을 것이라는 온전한 확신이 가능하다.

또한 저자는 믿음과 행함의 관계를 밝히고 있다. 진정으로 구원받은 사람은 말씀을 행하는 사람이다. 씨앗이 뿌리를 내려 성장해야만 비로소 열매를 맺을 수 있는 것이다.

물론 열매의 필요성을 생각하기 전에 먼저 행위로 구원받는 것이 아니라는 점을 분명히 기억해야 할 필요가 있다. 우리는 오직 믿음으로 의롭다 하심을 받는다. 개신교의 견해에 따르면, 행위는 우리가 은혜의 상태에 있다는 것을 보여주는 결과다. 우리의 행위는 우리의 칭의(의롭다고 여겨지다)에 아무런 영향을 미치지 않는다.

그러나 열매가 없다면 올바른 신자가 아니라고 저자는 말한다. 루터가 주장한 대로 의롭게 하는 믿음은 죽은 믿음이 아니라 '살아 있는 믿음'이다. 우리를 그리스도에게 인도하는 참믿음은 항상 행위를 통해 그 실체를 입증한다는 것이다. 믿음은 우리를 그리스도와 연합시키고, 참믿음의 소유자는 자신의 믿음이 참믿음이라는 것을 입증해줄 열매를 맺게 된다.

신자들이 열매를 맺는 양은 제각기 다르지만, 올바른 신자는 반드시 열매를 맺기 마련이다. 열매가 없다면 그 사람은 올바른 신자가 아니다. 예수님이 입술의 고백이 아니라 '그들의 열매로 그들을 알지니(마태복음 7장 16절)'라고 말씀하신 이유다.

우리는 자신이 은혜의 상태에 있는지를 확신하는 문제를 반드시 해결해야 한다. 구원의 확신을 기준으로 나누면 세상에는 모두 네 종류의 사람이 있다. 살아 있는 사람은 모두 예외 없이 이 네 종류 중 하나로 분류된다.

구원받았고 그것을 아는 사람

구원받았고 그것을 모르는 사람

구원받지 못했고 그것을 아는 사람

구원받지 못했고 그것을 모르는 사람


'구원받았고 그것을 아는 사람'은 자신이 은혜의 상태에 있다는 사실을 분명하게 확신한다. 이들에게 구원의 확신은 이미 확고히 결정된 문제다.

물론 구원의 확신은 개인의 상태에 관한 확신을 의미하며, 그 확신의 강도는 때에 따라 달라진다. 신앙생활은 기복이 있기 마련이다.

그러나 참된 신앙은 결국에는 의심을 극복한다. 참된 확신은 감정 이상의 차원을 지니기 때문이다. 이 범주에 속하는 사람은 '내가 믿는 자를 내가 알고 또한 내가 의탁한 것을 그 날까지 그가 능히 지키실 줄을 확신함이라(디모데후서 1장 12절)'고 말할 수 있는 확실한 근거를 갖는다.

사도 베드로는 분명한 말로 선택의 확실성을 추구하라고 명령했다. '그러므로 형제들아 더욱 힘써 너희 부르심과 택하심을 굳게 하라. 너희가 이것을 행한즉 언제든지 실족하지 아니하리라.

이같이 하면 우리 주, 곧 구주 예수 그리스도의 영원한 나라에 들어감을 넉넉히 너희에게 주시리라(베드로후서 1장 10절~11절).'

따라서 우리는 교만한 태도가 아니라, 진지한 태도로 우리의 소명과 선택을 확신하기 위해 부지런히 노력해야 한다.

선택을 확신하라는 명령이 우리에게 주어졌다면, 이는 곧 우리가 선택을 확신할 수 있다는 뜻이다. 우리가 선택받은 사람들 가운데 속한다는 사실은 얼마든지 알 수 있다. 그러므로 구원의 확신을 구하는 것을 삶의 마지막 순간까지 미룰 필요는 전혀 없다. 우리는 지금 힘써 구원의 확신을 추구해야 한다. 우리가 선택받은 사람들 가운데 속해 있고, 하나님 나라의 백성이며 하나님의 가족으로 입양되었고 그리스도께서 우리 안에 계시며 우리가 그분 안에 있다는 사실을 확신해야 한다.

선택받은 사람은 사는 동안 언젠가는 성령을 통해 거듭난다고 저자는 말한다. 거듭난 사람은 선택받은 사람들 가운데 속한다. 따라서 거듭남을 확신할 수 있다면 선택을 확신할 수 있고, 선택을 확신할 수 있다면 구원을 확신할 수 있다.

'거듭나다'는 '성령의 초자연적인 사역을 통해 변화되다'를 의미한다. 이 사실을 이해하는 것은 구원의 확신에 매우 중요하다.

성령께서는 영혼의 성향과 마음의 본성을 변화시킨다. 거듭나기 전에는 하나님의 일에 대해 무관심하고 냉담할 뿐 아니라 심지어는 적대적이다. 거듭나지 않으면 하나님을 진정으로 사랑할 수 없다고 저자는 말한다. 하나님의 일을 사랑하지 않는 육신 안에 우리가 있기 때문이다. 하나님에 대한 사랑은 성령의 거듭나게 하시는 사역을 통해 생겨난다. 성령께서는 '우리 마음에 하나님의 사랑을 부어주신다(로마서 5장 5절)'.

따라서 그리스도를 사랑하느냐는 질문에 비록 최선을 다해 그분을 사랑하지는 못하더라도 "네"라고 대답한다면, 그 사람의 영혼 안에서 성령의 거듭나게 하시는 역사가 일어났다고 확신할 수 있다. 우리의 육신 안에는 예수 그리스도를 진정으로 사랑할 수 있는 능력이 조금도 존재하지 않음을 잊지 말자.

거듭남은 영혼의 성향을 바꿔 놓는다. 진정으로 거듭나 믿음을 고백하는 사람이 어느 정도라도 복종의 삶을 살지 않는다는 것은 불가능하다.

# 성경 통독에 도전하라

『어? 성경이 읽어지네!』
**이애실** 지음 | **성경방**

"기독교인은 모든 책 가운데서 가장 소중한 책, 바로 성경을 읽지 않으면 안 된다. 성경은 한평생 연구해도 그 내용을 다 길어 올릴 수 없다. 굳은 결의와 쉬지 않는 노력을 기울여 연구하면 연구할수록 성경은 더욱 많은 보답을 제공해준다."

세계적인 신학자이며 저술가인 윌리엄 바클레이의 말이다.

『어? 성경이 읽어지네!』는 이순근 목사의 아내 이애실 사모가 벧엘교회 성경일독학교에서 강의한 내용으로 시작되었다. 이 책은 성경의 중심 줄기를 이해하여 성경을 더 깊이 깨닫게 도와준다. 저자는 성경에 내재되어 있는 통일성과 일관성을 바탕으로 성경의 명쾌한 중심 주제를 다루고 있다. 성경에는 창세기부터

요한계시록에 이르기까지 도도하게 흐르는 주제가 있다. 책은 이 주제를 타고 흘러가는 특징이 있다.

저자는 성경 각 권마다 갖는 독특성에 따라 각각 강조하기도 했고, 생략하기도 했다. 그러다 보니 성경 각 권의 내용 분해, 구성, 조직을 다루기보다 성경 전체 흐름을 이해하는데 중요한 요소들 중심으로 설명했다. 성경의 주제가 '역사성'이라는 가장 큰 틀을 타고 흘러가기 때문에 중요한 대목을 만날 때마다 역사적 상황을 거듭 말했다.

저자는 이 책에서 성경 통독의 중요 지침을 제시하고 있다.

첫째, 인간이 '하나님을 아는 방법'은 오직 그 하나님이 자기 자신을 나타내 보여줘야만 가능하며, 이 하나님의 섭리 가운데 완성된 것이 바로 지금의 성경책이다.

"당신은 하나님을 어떻게 알게 됐나요? 그리고 어떤 분이라고 생각하나요?"라고 A, B, C에게 물어봤다.

A는 "어렸을 때 무덤이 많은 마을에 살았거든요. 밤에 그 옆을 지나가려면 소름이 돋고 여간 무서운 게 아니었어요. 그래서 밤에는 밖을 못나갔어요. 늘 공포에 시달렸지요. 그런데 우연히 친구를 따라 교회를 다니게 됐어요. 교회에 가면 어린 마음에 늘 무섭지 않게 해달라고 기도를 드렸지요. 그런데 정말 어느 순간

부턴가 그 공포가 싹 사라졌어요. 너무 신기했어요. 그때부터 난 하나님을 믿게 됐습니다"라고 말했다.

B는 "두통에 시달렸지요. 온갖 약을 다 써도 안 들었어요. 동네 언니를 따라 부흥회에 참석하게 됐는데 갑자기 몸이 뜨거워지면서 피가 머리로 다 모이는 것 같더니 나았습니다. 정말 하나님이 계시다고 믿게 되었지요"라고 말했다.

마지막으로 C는 "저는 교통사고를 크게 당했었어요. 온 가족이 다 피투성이가 되었지요. 사람이 이렇게 죽는 거구나 하면서 정신이 가물거릴 때 사력을 다해 기도했어요. '하나님, 당신이 살아 계시다면 살려 주십시오. 한 번만 살려 주시면 하나님을 위해 살겠습니다.' 그렇게 부르짖었지요. 그랬더니 하나님께서 그 기도를 들어주셨습니다"라고 말했다.

'신이 어떤 존재인가?'를 물어봤을 때 이와 같이 대답은 백인백색이다. 각자 자기가 느끼고 깨달은 신의 모습을 이야기한다. 그것이 자기가 인식한 신이다. 한마디로 '천태만상 신 인식'이 있다. 즉, 사람에게서 출발한 '신 인식'은 각양각색이다. 사람이 경험해서 깨닫는 '신 인식'은 불완전하며 '인간은 신을 자력으로 깨달아 알 수 없다'는 의미다.

그래서 하나님께서는 자신을 열어서 보여주셨다. 사람에게서 출발된 '신 인식'이 아니라, 하나님에게서 출발한 '신 인식'이다. 이 개념을 '계시'라고 한다.

하나님께서는 어느 날 갑자기 어느 한 사람에게 자기를 열어서 보여주시지 않는다. 대신 역사 속에서 점점 자세히 당신을 나타내 보이셨다. 모든 인류가 공통적으로 꼭 알아야 될 중요한 하나님의 정보를 차츰차츰 드러내셨다. 이것을 계시의 점진성이라고 말한다.

둘째, 그러므로 오늘 우리가 갖고 있는 성경을 정말 '하나님의 말씀'으로 믿어야 한다. 저자에 따르면 성경은 성경만으로 증명할 수 있다. 이것을 어려운 말로 성경의 내적 증거라고 부른다. 성경은 읽을 때 하나님의 말씀으로 깨달아지는 책이다.

셋째, 성경의 내용을 골라가며 믿으면 안 된다. 성경 어디는 믿고, 어디는 안 믿으면 안 된다. 믿어지는 건 믿고, 안 믿어지는 건 안 믿는다면 그것은 믿는 게 아니다.

성경은 그렇게 함부로 대하는 책이 아니다. 세상 학문의 한 부분도 완벽하게 모르는 인간의 이성으로 세상을 창조하신 하나님의 말씀을 판단할 수 없다. 하나님이 내신 책은 성경뿐이다. 이성으로 하나님의 말씀을 발라내는 일은 감히 못할 일이다.

넷째, 성경이 가는 곳까지 가고 멈추는 곳에서 멈춰야 한다.

성경은 과학책이 아니지만 과학적이다. 성경은 역사책이 아니지만 역사적이다. 무엇보다도 우리의 구원을 위한 목적으로 쓰인 책이므로 구원에 필요한 내용은 완전히 계시하셨다. 그러므로 성경을 읽다가 더 이상 말씀하시지 않는 부분(예를 들면, 타락한 천사의 문제)이면 우리도 거기서 멈춰야 한다. 눈에 보이는 물질세계를 우리는 억만 분의 일도 모른다. 성경이 더 이상 말하지 않고 침묵하면 나도 침묵해야 한다.

다섯째, 그러면서도 성경은 연구하고 학문하는 자세를 가지고 읽어야 더욱 깊이 있게 깨달아지는 책이라는 사실을 잊지 말자. 무조건 맹신하는 책이 아니다.

하나님은 사람이 살고 있는 삶의 현장, 즉 '역사' 속에서 그 뜻을 계시하셨다. 그래서 성경에서 일어난 사건은 당시의 역사적 정황을 모르면 일차적으로 이야기 전개가 안 된다.

그 당시 역사적 상황뿐만 아니라 그 일이 일어난 장소, 즉 지리적 상황도 성경을 읽어 내려갈 때 알고 있어야 이해가 된다. 또한 그 당시의 '문화적 상황'을 모르고는 해석하기 어려운 말씀도 많이 있다.

여섯째, 최종적으로는 성령의 조명을 받아야만 깨달아지는 책이 성경이다. 아무리 역사, 지리, 문화적 상황을 연구하며 성경을 읽어도 성령이 깨닫게 해주셔야 말씀을 깨닫는다. 역사, 지리, 문화뿐 아니라 원문, 사본, 문체 등을 파고들지만 성령의 역사를 겸손히 기다리지 않으면 깨달아지지 않는 책이다.

성경 목록부터 친절하게 소개하는 이 책은 성경 각 권의 문화, 지리, 역사 배경을 설명하면서 성경에 대한 이해를 도와준다. 초신자가 성경의 배경과 내용을 이해하는 데 큰 도움이 되는 책이다. 신앙생활을 오래 했어도 성경 일독을 하지 못한 사람, 성경을 여러 번 읽었지만 맥을 잡지 못한 사람에게 유익하다.

# 질문이 있습니다

『나는 누구인가』
**손봉호** 지음 | **샘터**

이 책은 '하나님은 과연 계신가?'라는 질문으로 시작한다. 현대인은 비과학적이라고 생각되면 인정하지 않는다. 물론 많은 사람이 신의 존재를 증명하려고 시도했지만 특별한 결과는 없었다.

사실 인간에 의해 이해가 된다면 참된 하나님이 아니다. 저자는 증명과 이해의 대상이 아니라 두려움과 경배의 대상이며, 성경 어느 곳에도 하나님의 존재를 증명하려는 내용은 없다고 말한다. 하나님의 존재는 이미 전제되어 있기 때문이다.

현대인은 과학적이면 합리적이고, 합리적이면 옳은 것이라고 생각하는 바람에 성경을 부정한다. 하지만 성경은 과학과 달리 사실에 대한 정보제공이 아니라 구원의 길과 올바른 삶을 가르치기 위해 존재한다.

저자는 '현대인에게 예수가 필요한가?'라고 묻는다. 그러면서 하나님이 없어도 세상 모든 것이 설명될 수 있다고 생각하는 현대인의 모습을 지적한다. 이러한 모습 때문에 현대인은 지금 죄를 무수히 많이 짓고 있다.

이 죄를 용서받는 유일한 길은 믿음, 즉 하나님에 대한 인간의 신뢰와 의존을 통해서만 가능하다. 용서받기 위해서는 예수 그리스도를 믿고 그분의 사랑과 그 사랑의 실천이 필요하다. 그러므로 현대인에게 예수님은 필요한 존재다.

이 책은 삶의 근본적인 문제를 성경적인 관점에서 다루면서 우리를 진리의 세계로 친절하게 안내한다. 하나님께 질문할 것이 많다면 이 책의 안내를 한번 받는 것은 어떨까?

**더 읽어볼 책** ····················································

- 『구원이란 무엇인가』 김세윤 지음 | **두란노아카데미**
- 『그리스도인이 되는 길』 **존 스토트** 지음 | IVP
- 『나의 주 나의 하나님』 송인규 지음 | IVP
- 『복음』 폴 워셔 지음 | **생명의말씀사**
- 『사도신경 십계명 주기도문 해설』 이노균 지음 | **비전북**
- 『순전한 기독교』 C. S. 루이스 지음 | **홍성사**
- 『편견없이 기독교를』 존 알렉산더 지음 | IVP

# 2장

# 튼튼한 믿음을 갖고 싶을 때

믿음이란 무엇인가? 성경에서 '믿음'은 매주 중요한 핵심 단어다. 물론 이 단어는 구약보다 신약에 많이 나타난다. 개역개정역 기준으로 '믿음'이라는 단어는 신약성서에 230회 나온다. 그밖에 '믿으라'가 10회, '믿느냐'가 7회 나온다.

신약성서에서 '믿음'이 처음 나온 구절은 마태복음 6장 30절이다.

'오늘 있다가 내일 아궁이에 던져지는 들풀도 하나님이 이렇게 입히시거든 하물며 너희일까 보냐, 믿음이 작은 자들아.'

마지막으로 나오는 구절은 요한계시록 14장 12절이다.

'성도들의 인내가 여기 있나니 그들은 하나님의 계명과 예수에 대한 믿음을 지키는 자니라.'

우선적으로 믿음의 대상은 '하나님'이다. 그 하나님은 신앙생활의 중심이요, 목적이다. 영국 의회에 의해 1643년 7월 1일에 소집된 웨스트민스터 종교회의에서 작성된 표준 문서 중 하나인 웨스트민스터 소요리 문답 제1문은 이렇게 묻는다.

"사람에게 제일이 되는 목적은 무엇입니까?"

이에 대한 답은 "사람에게 제일이 되는 목적은 하나님을 영화롭게 하고, 하나님으로 말미암아 영원토록 즐거워하는 것입니다"이다.

우리는 예수 그리스도를 믿는다고 고백한다. 기독교인은 예수를 주(主)와 구주로 고백한다. 기독교 신앙은 예수를 누구로 고백하느냐에 따라 그 내용이 달라진다. 그 고백의 내용은 그의 삶과 실천에 영향을 미친다.

하나님께서 요구하는 믿음은 지적인 동의로 끝나지 않는다. 믿음의 성장은 하나님의 말씀에 대한 순종을 통해 이뤄지기 때문이다. 물론 믿음은 여러 가지 모습으로 나타난다. 이웃을 사랑하고, 자비를 나타내 보이며, 겸손히 하나님과 동행하는 것으로 표현되기도 한다. 때로는 그 믿음이 각자의 일터와 사역의 현장에서 성실하게 일하는 모습으로 나타나기도 한다.

우리는 어떻게 튼튼한 믿음을 가질 수 있을까? 기독교인이 믿음의 깊이와 넓이를 더하는 방법 가운데 하나는 신앙 관련 양서를 꾸준히 읽는 것이다.

오랜 세월 동안 해결하지 못했던 한 가지 문제를 신앙도서를 읽고 해결했다는 평신도를 본 적이 있다. 기독교인은 끊임없이 공부하는 평생학습자로 살아야 한다. 이전보다 진리의 세계로 더 깊이 들어가려면 다양한 신앙서적을 가까이 해야 한다. 매월 주제별로 두세 권의 책을 선정해서 집중적으로 읽어도 좋다. 이렇게 계획성이 있는 독서는 신앙의 깊이를 더하는 데 큰 도움이 된다.

이번 장에서 소개하는 책들은 『그리스도를 본받아』처럼 뛰어난 기독교 고전부터 『영적 훈련과 성장』에 이르기까지 그 스펙트럼의 폭이 넓다. 개성 넘치는 각각의 책을 통해 독자는 튼튼한 믿음을 갖는 데 도움이 되는 지혜와 통찰을 얻을 수 있다.

# 왕 되신 그리스도를 위해 살라

『제자입니까』
**후안 카를로스 오르티즈** 지음 | **두란노**

이 책의 저자 후안 카를로스 오르티즈는 1934년 아르헨티나의 부에노스아이레스의 독실한 기독교 가정에서 태어났다. 그는 일찍부터 복음 사역에 헌신하여 14세부터 주일학교 교사로 일했고, 20세 이후에는 아르헨티나 전역을 다니면서 복음을 전했으며 세계적으로 영향을 줬던 아르헨티나 영적갱신운동의 주도적 인물로 평가받고 있다. 특히 부에노스아이레스의 믿음교회 목회가 성공해 세계적으로 유명한 목회자가 되었다.

이 책의 원제목은 '제자(Disciple)'이며, '1부 새 포도주'와 '2부 새 부대'로 구성되어 있다.

1부에서 저자는 '제자란 무엇인가?'라고 묻는다. 제자는 예수 그리스도를 따르는 사람이다. '그리스도를 따른다'는 그분을 주님으로 모신다는 말이다. 그분을 사랑하고 찬양한다는 뜻도 된다.

초대교회 때와 비교해서 오늘날 교회의 복음은 싸구려복음에 지나지 않는다. 현대 복음주의자들의 복음은 하나님 나라의 복음이 아니라 그들 자신의 복음이다. 즉, 하나님 중심적인 복음이 아니라 인간 중심적인 복음을 전하고 있다. 좋은 성경구절만을 뽑아내어 그들만의 복음서를 만든다. 저자는 이것을 '내가' 복음서라고 부른다. 현대의 교회들이 이와 같이 하나님의 말씀을 편식하여 영적으로 건강하지 못하다.

또한 예수 그리스도를 자기 좋을 대로 이용한다. 사도행전 2장 36절에 따르면 예수님은 주와 그리스도이시다. 주는 '왕'을 의미하고 그리스도는 '구주'를 의미한다. 우리는 예수님을 '왕'으로 영접한 다음에 '구주'로 영접해야 한다. 그런데 일부 교회 지도자들은 '주'를 배제시키고 '구주'만을 강조하고 있다. 그들은 자기 삶에 이익이 되는 것 같아 보이는 구절들만을 뽑아 자기의 복음서를 만들고 있다.

기독교인은 자기를 위해서가 아니라 왕 되신 그리스도를 위해서 사는 사람이다. 주님을 믿고 순종하여 구원을 받아 주님을 위해 산다는 것은 결코 쉽고 평탄한 길을 걷는 것을 뜻하지 않는다. 주님을 위해 사는 삶은 좁은 문과 좁은 길로 가는 삶이다. 넓은 길은 멸망의 길이요, 좁은 길은 영생의 길이기 때문이다.

많은 신자들이 구원이란 자유롭게 되는 것이라고 생각한다. 그러나 구원이란 그렇지 않다. 로마서 6장 18절에 '죄로부터 해방되어 의에게 종이 되었느니라'고 말씀하고 있다. 주님은 우리를 값을 주고 사셨다. 우리를 종으로 사신 것이다.

바울은 이 점을 정확하게 깨달아서 다음과 같이 쓸 수 있었다. '우리 중에 누구든지 자기를 위하여 사는 자가 없고 자기를 위하여 죽는 자도 없도다. 우리가 살아도 주를 위하여 살고 죽어도 주를 위하여 죽나니, 그러므로 사나 죽으나 우리가 주의 것이로다. 이를 위하여 그리스도께서 죽었다가 다시 살아나셨으니 곧 죽은 자와 산 자의 주가 되려 하심이라(로마서 14장 7절~9절).'

이 말씀처럼 예수님은 종(노예)이 된 우리 모두의 주가 되시려는 것이다. 바울은 이것을 고린도후서 5장 15절에서 '그가 모든 사람을 대신하여 죽으심은 살아 있는 자들로 하여금 다시는 그들 자신을 위하여 살지 않고 오직 그들을 대신하여 죽었다가 다시 살아나신 이를 위하여 살게 하려 함이라'고 설명했다.

세상에는 두 주인이 있고, 그 주인들은 각기 다른 왕국을 갖고 있다. 구원은 '흑암의 권세에서 건져내사 그의 사랑의 아들의 나라로 옮기어지는' 것이다(골로새서 1장 13절). 두 주인을 동시에 섬길 수 없다. 한 종이 두 주인을 섬길 수 없지 않은가?

한편 하나님의 나라는 혼인과도 같다. 여자가 남자와 결혼하면 여자는 그 남자의 사람이 된다. 그리고 그 남자가 소유한 모든 것이 그녀의 소유가 된다. 이처럼 예수님과 우리의 관계도 신랑과 신부의 관계인데 우리는 지금까지 과오를 범한 것이 있다. 예수님의 모든 것이 우리의 것이 되었다고 말했지만, 우리의 모든 것이 그분의 것이 되었다는 사실은 말하지 않는다.

저자는 사랑이 기독교인의 삶 그 자체라고 말한다. 우리가 구원받았는지 아닌지를 가리는 시금석이라는 말이다. 사도 요한은 요한일서 4장 7절~8절에서 '사랑하는 자들아, 우리가 서로 사랑하자. 사랑은 하나님께 속한 것이니 사랑하는 자마다 하나님으로부터 나서 하나님을 알고, 사랑하지 아니하는 자는 하나님을 알지 못하나니 이는 하나님은 사랑이심이라'고 말씀하고 있다.

예수님께서 가르쳐주신 사랑은 빵을 반쪽으로 나눠 이웃에게 주는 것 이상이다. 빵뿐만 아니라 자기 목숨을 잃는다 해도 우리 자신까지 주는 것이다. 이웃 사랑이 세상을 향한 사랑이라면 형제 사랑은 기독교인을 향한 사랑이다. 그런데 현대교회는 사랑이 절실하게 부족하다. 그렇기 때문에 '빛과 소금'의 역할을 잘 감당하지 못하고 있다. 교회의 지도자들부터 서로 사랑하는 본(本)을 보여야 한다고 저자는 강조한다.

제자의 삶에는 감사와 찬양이 있다. 감사와 찬양은 하나님 나라의 언어이고 불평은 마귀 나라의 언어이다. 하나님은 모든 것을 주관하신다. 그래서 우리가 감사하는 마음을 가지면 모든 것을 찬양할 수 있다.

또한 얼마든지 하나님의 능력을 찬양할 수도 있다. 하지만 하나님의 능력을 보는 눈을 닫으면 그렇게 하지 못한다. 눈을 떠서 사방을 둘러보면, 보이는 모든 것이 하나님의 능력을 찬양할 만한 것들임을 깨닫게 된다. 시편을 쓴 다윗은 하나님의 능력을 볼 수 있는 눈을 뜬 사람이었다. 그는 많은 시편을 지었으며 우리는 현재 그의 많은 시편으로 찬양하고 있다. 다윗은 사람들이 자기 자신의 시편을 짓기 원했다. 다윗은 '새 노래로 여호와께 찬송하라(시편 98편 1절)'고 말했다.

'2부 새 부대'에서 저자는 영적 유아기를 벗어나 성장하는 과정에서의 문제를 다룬다. 현대교회 안에는 자라지 않는 아이가 많다. 그들은 똑같은 기도를 되풀이하고, 항상 부르는 똑같은 찬송을 부른다. 하나님과의 관계에서 진전이 없다. 교인들 대다수는 신앙이 장성한 어른이 되지 못하고 젖 먹는 아기에 머물러 있다. 일부 목회자들은 신앙 성숙에 있어서 사도 바울이 말한 '그리스도의 장성한 분량이 충만한 데' 이르기까지 궁극적인 목표를 두지 않고 어느 한 지점에서 안주하고 있다. 저자는 우리가 결코 안주해서는 안 된다고 말한다.

제자란 무엇인가? 저자는 '제자란 스승의 삶을 살도록 요구받는 사람이자 점차 다른 사람에게 자기의 삶을 가르치는 사람'이라고 말하고 있다. 스승이 가는 길을 따라가는 사람인 것이다.

'제자도'라는 말이 있다. '예수님이라면 어떻게 사셨을지'를 매일 삶 속에서 배우며 그리스도를 닮아가는 영적 성장의 과정을 가리키는 말로, 지식의 전달이나 홍보가 아니라 '생명의 교류'라고 할 수 있다.

따라서 제자 양육은 지식의 전달이 아니다. 제자 양육에서 배움은 듣는 것으로 되지 않고 순종함으로 된다. 제자에게 스승은 영적 아비가 되는 것이다. 아비에게 자녀가 순종하는 것처럼 제자 양육도 그렇다고 보면 된다. 복종 없는 양육은 없다. 우리는 하나님 나라의 영적인 권위에 대한 복종도 배워야 한다.

책에 따르면, 교회의 책임은 남녀 성도들을 자발적으로 봉사할 수 있도록 양육하고 훈련시키는 것이다. 그래서 이 책은 교회에서의 제자 양육을 집중적으로 다루고 있다.

# 예수와 마주 앉다

『예수와 함께한 저녁식사』
**데이비드 그레고리** 지음 | **포이에마**

이 책(원제: Dinner with a Perfect Stranger)은 2005년 7월 출간 즉시 아마존,《뉴욕타임스》베스트셀러에 오르며 기독교 독자들의 마음을 사로잡았다. 단기간에 미국에서만 수십만 부의 판매고를 올린 이 책은 어느새 기독교의 현재적 고전으로 자리 잡았다.

『예수와 함께한 저녁식사』는 과학적이고 논리적인 근거를 바탕으로 기독교 교리를 이해시키고 있다는 점에서 기존의 신앙서적과 차이를 보이고 있다. 또한 대화로 이야기를 진행시키고 있다는 점, 기독교를 믿지 않는 사람들의 시점에 맞춰 내용을 전개한다는 점, 충분히 납득할 만한 과정을 통해 복음을 전달한다는 점을 들어, 기독교 분야에서 고전으로 꼽히는 C. S. 루이스의

『순전한 기독교』에 버금가는 작품이라는 평가를 받고 있다.

"오늘 예수와 단둘이 마주 앉게 된다면 나는 어떤 이야기를 나눌까?"

이 책은 평범한 직장인 닉 코민스키에게 어느 날 저녁식사 초대장이 도착하는 것으로 시작한다. 닉 코민스키는 기독교를 믿지 않는, 오히려 기독교에 반감을 가진 인물이다. 어린 시절, 어머니에게 이끌려 어쩔 수 없이 갔던 교회는 이후 좋지 않은 기억으로만 남게 되었고, 초대장을 받고 간 교회에서도 실망감만 느끼고 발길을 끊었던 경험이 있었다.

처음에는 동료들의 장난이라고 생각하다가 약속 날짜가 다가오자 묘한 궁금증에 이끌려 약속 장소로 향한다. 그곳에는 닉이 예상했던 동료들은 없고 대신 양복을 입은 한 남자가 기다리고 있었다. 닉이 자리에 앉자 그 남자는 자신이 예수라고 소개한다.

닉은 너무나도 당황스러웠다. 앞에 앉아 있는 남자가 장난을 치는 것으로 생각하고 화가 나서 집으로 돌아가려다가 식사를 마칠 때까지 자리를 뜨지 않는다면 누가 이런 자리를 만들었는지 알려주겠다는 말에 마음을 돌린다.

닉은 자신이 '예수'라고 주장하는 그 남자를 믿을 수가 없었다. 이미 오래전에 세상을 떠난 사람이 내 앞에 앉아 있다니….

분명히 연기를 하고 있다고 생각했다. 누구라도 닉과 같은 생각이었을 것이다. 하지만 이런 상황에도 닉은 자리를 뜰 수가 없었다. 무엇인지 알 수 없는 어떤 것이 닉을 자리로 잡아끌고 있었기 때문이다.

예수는 신기하게도 닉의 가정환경뿐만 아니라 어린 시절, 회사 이야기까지 다 알고 있었다. 그래도 닉은 믿을 수가 없었다. 어떻게 눈 앞에 예수가 이런 모습으로 앉아 있을 수 있는지….

진지한 표정의 남자는 오늘 저녁식사 동안만 자신을 예수로 생각해달라는 제안을 하고, 이들의 대화는 식탁 위에 차려진 만찬만큼이나 풍성하게 펼쳐진다.

닉은 자신을 예수라고 주장하는 남자와 저녁식사를 하면서 종교에 관한 불신과 의문, 신에 대한 분노, 도전의 마음을 품고 질문을 던진다.

왜 하나님이 있는데도 사람들은 풍요로운 삶을 누리지 못하나? 예수가 옳다고 누가 증명할 수 있는가? 인간이 다 같은 죄인이라면 마더 테레사와 히틀러는 모두 똑같은 죄인인가? 신과 함께하기 위해서는 어떻게 살아야 하는가? 전쟁과 기아, 환경의 파괴를 하나님은 왜 지켜보고만 계시는가? 성경은 과연 믿을 만한 것인가? 내 앞에 닥친 불행은 모두 신의 계획인가?

'온갖 화제를 날씨 얘기하듯 대수롭지 않게 이어가는 이 낯선 남자는 도대체 누구인가?'

자신만만하고 냉소적이던 닉은 점점 평정심을 잃어 가고, 내면 깊숙이 감춰둔 진심을 꺼내기 시작한다. 이에 대해 예수는 진지하고 적극적으로 답한다. 꼭 기독교 신자가 아니더라도 누구나 한번쯤 생각해봤을 일반적인 종교 문제에서 시작해 점점 깊이 있는 기독교 화제들로 옮겨 가는 두 남자의 대화는, 애피타이저부터 디저트까지 식사의 각 코스와 절묘하게 맞물려 전개된다.

합리적인 닉은 기독교, 힌두교, 이슬람교, 불교에 대해 집요하게 질문하면서 기독교 신앙을 부정하려고 하지만, 예수는 모든 질문을 받아주면서 마침내 하나님이 사랑하시고 양보하고 희생하면서 인간을 구원하시는 구속사의 핵심을 설명한다.

예수는 하나님의 구원을 설명하면서 모든 종교가 신에게 이르게 해주겠다고 말하지만, 스스로 찾아갈 수 있는 길은 없다고 말한다. 이 세상에는 천국에 갈 정도로 선한 사람이 존재하지 않기 때문이다.

예수는 닉이 생각하는 가장 선한 사람인 마더 테레사와 가장 악한 사람인 히틀러, 그 두 사람의 이름을 명함 뒷면의 꼭대기와 맨 아래에 써놓게 하고 '닉'이란 이름을 두 사람 사이 어느 위치에 둘 수 있겠느냐고 질문한다.

"시카고에 있는 시어즈타워 맨 아래 주춧돌 위에 이 카드를 놓는다고 가정해보세요. 하나님의 도덕적인 기준은 시어즈타워 꼭대기 100층 높이 위에 있습니다."

"그럼 하나님에 비하면 마더 테레사와 히틀러는 결국 같은 수준이라는 건가요?"

"아뇨. 히틀러는 지극히 악랄했고, 마더 테레사는 커다란 자비를 베풀었으니 같지 않죠. 그렇지만 마더 테레사가 행한 나름의 덕행 역시 하나님과의 격차를 메우기엔 히틀러만큼이나 멀리 떨어져 있다는 것입니다. 두 사람 모두 죄인이고, 각자 나름의 공과에 따라 하나님으로부터 멀리 떨어져 있습니다."

"그렇다면 누구도 그 기준에는 못 미치겠군요."

"자신들이 쌓은 공적으로는 안 되죠. 어림도 없습니다. 하나님의 기준은 한 치도 모자람이 없는 완벽 그 자체입니다."

하나님의 완전하신 도덕 기준은 100층 높이에 있으므로, 그 두 사람은 다 같은 죄인이며 하나님으로 멀리 떨어져 있다는 것이다.

예수는 인간의 죄를 해결하시기 위해 하나님이 사람의 죄를 십자가에서 해결해주셨는데, 그 선물을 받아들이면 영생을 얻는다고 구원의 길을 알기 쉽게 말씀하신다. 또한 예수의 신성(神性)을 입증하는 중요한 증거 가운데 하나는 그의 부활이라고 설명하신다.

부활하신 주님이 우리 안에 살기 위해 들어오셨으며 성령을 보내주셨다. 하나님이 우리에게 들어와 함께 사시면서 하나님의 삶을 살게 하시는데도 기독교가 전달되는 과정에서 메시지가 왜곡되었고, 교회의 위계제도와 권력 구조가 비대해지면서 하나님의 사랑과 임재가 뿌리 내릴 자리를 막아버렸다고 한탄하신다.

식사가 끝나갈 무렵 닉은 겉으로는 성공한 듯 보이지만 내면은 불안하기만한 현재의 삶을 지속할지, 아니면 이 낯선 남자와의 저녁식사 동안 얻은 깨달음으로 자신의 인생에 새로운 전환을 맞이할지 결정할 기로에 서게 된다.

마지막 음식값을 계산하시고 나가시는 예수의 손목에는 못 자국이 선명하게 새겨 있었다. 닉은 잠깐 동안 아무 말도 하지 못했다.

"손바닥에 박은 줄 알았습니다."

"많은 사람이 그렇게 생각하죠. 내 몸무게를 지탱하기 위해 손목에 못을 박았지요. 손바닥에 박았다면 몸무게를 못 이겨 손이 찢겨나갈 겁니다."

예수는 닉에게 '요한계시록 3장 20절'이라고 적힌 명함을 준다. 닉은 서재를 뒤져서 성경을 찾았다. 대학 때 이후로 한 번도 펼치지 않았던 낡은 성경이었다. 닉은 요한계시록에서 그 말씀을 찾아 확인했다.

"볼지어다. 내가 문 밖에 서서 두드리노니 누구든지 내 음성을 듣고 문을 열면 내가 그에게로 들어가 그와 더불어 먹고 그는 나와 더불어 먹으리라."

이 책은 저녁식사 동안 오고 간 짧은 대화를 통해 간결하지만 깊은 감동의 세계로 우리를 초대한다.

일상적인 저녁식사를 하는 동안 이 책은 우리 삶에서 가장 중요한 진실들, 신앙과 종교 그리고 믿음에 대해 말해주고 있다. 흥미롭고 편안하며 동시에 매우 진지한 책이다. 이 책을 통해 독자는 그분과 함께 식사를 하며 영혼의 허기를 채울 수 있다.

# 신앙과 경건의 본질을 추구하라

『그리스도를 본받아』
**토마스 아 켐피스** 지음 | **두란노**

『그리스도를 본받아』는 '모든 그리스도인은 그리스도의 삶을 본받아야 한다'는 전제에서 출발한다.

영적인 맹인 상태로부터 벗어날 수 있는 빛과 자유를 추구하는 사람이라면 그리스도의 삶을 가장 먼저 생각해야 한다. 그리스도의 말씀을 이해하려는 사람은 누구든지 그의 생애를 그리스도의 생애에 맞춰야 한다.

책의 내용에 따르면, 별들의 운행을 도표에 표시할 능력은 있지만 자기 자신의 영혼에는 무관심한 지식인보다 겸손한 사람이 하나님을 더욱 기쁘시게 한다.

자신을 제대로 아는 사람은 자신의 무가치함을 깨달으며, 사람들의 칭찬 속에서 기쁨을 구하지 않는다. 저자는 우리에게 과도한 지식욕은 절제되어야 한다고 충고한다. 그런 욕구는 불안과 속임을 가져오며 우리가 알든 모르든 별 차이가 없는 지식이 많기 때문이다. 따라서 학문에 대한 오랜 연구보다도 겸손한 자기 지식이 하나님께 이르는 더욱 안전한 길이다.

배움 그 자체는 비난할 수 없다. 그 자체로서 가치가 있기 때문이다. 그러나 우리가 항상 선호해야 하는 것은 진실한 양심과 거룩한 삶이다.

저자는 최후 심판의 날에 사람들은 자기가 무엇을 읽었는가에 의해 공적을 인정받는 것이 아니라 무엇을 행했느냐에 의해 공적을 인정받는다고 말한다. 만약 사람이 겸손보다 위대해지기를 택했다면 자신의 자만 속에서 멸망당할 것이다.

심지어 우리에게 닥치는 어려움까지도 우리로 하여금 목표에 더욱 빨리 도달하게 한다고 말한다. 그런 어려움이 자신의 마음을 살피게 하기 때문이다. 만약 사람들이 더 이상 인간의 위로가 필요하지 않을 만큼 하나님을 완전히 신뢰한다면 그것이 가장 이상적인 상태라고 저자는 외치고 있다.

시험은 비록 힘들지만 너무나 평탄한 인생이라면 시험이 필요할 때도 있다. 그 시험을 통해 겸손해지고 정결하게 되며 가르침을 받아서 하나님을 더욱 의지하기 때문이다.

사람은 악을 따라가는 성향을 갖고 태어나므로 사실 시험은 우리 자신의 본성에서 나온다. 따라서 이러한 시험(유혹)은 우리가 살아 있는 한 우리와 함께 있을 것이다. 그럼에도 불구하고 모든 악한 시험의 발단은 정함이 없는 마음과 하나님에 대한 신뢰의 결핍이다.

우리가 다른 사람과의 화평과 조화 속에서 살기를 바랄 수 있는 유일한 길은 여러 가지 방법으로 자신을 훈련시키는 것이라고 저자는 말한다. 그렇다고 엄격한 규율이나 수도원 생활의 형태를 취해야만 하는 훈련이 아니다(물론 고독과 침묵은 영적 성장에 도움이 되기도 한다).

영적인 삶을 살고자 하는 사람은 누구나 대중으로부터 피해야 한다. 대중의 시선 앞에서는 그 누구라도 자기 영혼을 상실할 위험에 처한다. 침묵과 정적 속에서 경건한 영혼은 정진할 수 있다. 과도한 자유는 영적 성장에 위험하다는 말이다. 그렇다고 더욱 엄격하게 자기를 살필수록 애통할 일이 많이 생기므로 마음의 평정을 훈련하고 자신을 엄격하게 성찰하라고 충고한다.

저자는 자신을 언제나 나그네 상태로 유지하며 이 땅에서의 순례자로 여기고 있으라고 권고한다. 더욱 비극적인 어려움을 피하기 위해 조금 참는 법을 지금 배우는 것이 좋으며 하나님을 참으로 사랑하는 사람은 죽음이나 형벌 혹은 심판이나 지옥을 무서워하지 않을 것이다.

설령 하나님에 대한 사랑이 죄를 억제하는 역할을 하지 못해도 지옥의 두려움이 죄를 억제하는 힘으로 작용할 수 있다. 우리에게 있는 억제력이 강하면 강할수록 우리의 영적 진보도 더욱 커질 것이다.

이렇게 영적인 생활에 대해 권고한 다음, 내면의 생활에 대해 이야기한다. 우리가 관심을 집중해야 할 가장 중요한 부분이기도 하다. 모든 참된 영광과 아름다움은 영혼 속에서 발견된다고 저자는 확신한다. 내적인 사람은 결코 외적인 일에 완전히 빠지는 일이 없으므로 자기 자신을 이해하기가 더 쉽다.

내적인 생활을 계발하는 데에는 단순성과 순결성이 가장 중요한 자질이다. 단순성은 하나님을 따라서 그에게 도달하며, 순결성은 하나님을 발견하고 기뻐할 수 있기 때문이다. 완전히 하나님께로 돌아서는 사람은 누구나 부지런하여 게으르지 않고 새로운 피조물로 변화된다.

내적이면서도 경건한 사람이 되는 것이 우리의 목표이지만 각 사람이 다른 사람에 대한 비판을 피하고 자기 자신의 결점에 주목해야 한다. 모든 일을 제쳐두고 자기 자신에게 주목하라고 저자는 재촉한다. 저자의 말에 따르면, 하나님을 사랑하는 영혼은 하나님 이외의 모든 것을 무가치하게 여긴다. 참되고 영원한 영광이 무엇인지 아는 사람은 어떠한 외적인 칭찬이나 비난에 의해서도 요동하지 않는다.

예수의 사랑을 위해 다른 모든 것을 포기해야 한다. 예수에 대한 참된 사랑은 모든 자기 이익과 자기 사랑에서 벗어나 있다. 그러나 사람은 본성적으로 육신을 제어해 복종시키려고 하지 않아서 문제다. 자아의 훈련은 하나님의 도움 없이 인간의 힘만으로는 결코 성취될 수 없다.

내적인 위로를 얻는 방법에 대해 언급하면서 저자는 우리에게 자신의 선행 때문에 자신을 무엇이나 된 듯이 생각해서는 안 되며 오히려 깊은 슬픔으로 자신의 죄를 기억해야 한다고, 또한 하나님의 감찰하심에 모든 것을 맡기고 우리가 행하지 못한 선(善)이 얼마나 많은지를 생각하라고 충고한다.

우리의 마음은 다른 무엇보다도 하나님의 축복을 기억하면서 하나님 안에서 안식을 구해야 한다. 많이 소유하기보다 적게 소유하기, 우리 자신을 다른 사람들보다 낮게 여기기, 하나님의 뜻이 우리를 통해 성취될 것을 기도하기, 항상 자기의 뜻보다는 다른 사람의 뜻을 행하기 등의 네 가지가 우리에게 평안을 가져다 줄 것이다.

저자는 자신이 설명한 방법으로 자아를 포기하면 마음에 자유가 생길 것이라고 확신하고 있다. 그렇게 자유롭게 된 사람은 더 이상 과도한 근심에 빠지지 않는다. 만약 자신에게 자랑할 만한 개인적인 선이 없는 사람이라면 자신이나 다른 어떤 사람에게도 의지하지 않고 하나님만을 의지하여 평안을 찾을 것이다. 또한 내적인 위로를 빼앗을 수 있는 외적인 일들의 심란함을 피할 수 있을 것이다.

영적인 생활을 심화시켜 주는 명상서로 만나길 바란다.

# 우리의 삶을 변화시키는 영적 훈련

『영적 훈련과 성장』
**리처드 포스터** 지음 | **생명의말씀사**

대표적 영성 작가 가운데 한 사람인 리처드 포스터가 쓴 이 책은 성숙한 기독교인이 되는 길을 제시한다. 내적 훈련과 외적 훈련, 단체 훈련을 통해 기독교인에게 영적 훈련의 실제를 상세하게 소개하고 있다.

내적 훈련에는 묵상의 훈련, 기도의 훈련, 금식의 훈련, 그리고 학습의 훈련이 있다.

'묵상의 훈련'은 하나님의 음성을 듣고 그의 말씀에 순종하는 능력을 기르는 것이다. 우리의 정서적, 영적 공간을 만들어 그리스도께서 우리 마음속에 성소를 만들 수 있게 하는 것이 목적이다. 이를 위해 준비하려면 조용한 장소를 마련하고 편안한 자세로 하나님의 영광에 몸과 마음, 감정과 정신을 집중해야 한다.

'기도의 훈련'에서는 어린아이처럼 아주 간단한 것이라도 하나님께 가지고 나아가는 훈련을 다룬다. 기도는 하나님께서 우리를 변화시키는데 사용하는 중요한 수단이다. 기도를 시작할 때 기도하는 사람은 주님의 임재가 가득한 상상으로 믿음의 문을 열어야 한다. 그러면 그리스도의 빛이 그에게 흘러 들어가 주님의 평화와 기쁨이 가득 찰 것이다.

'금식의 훈련'은 기독교인의 경건한 생활의 한 부분이다. 성경의 금식은 영적 목적을 위해 음식을 삼가는 것을 의미한다. 금식은 항상 하나님 중심으로 이뤄져야 한다.

'학습의 훈련'은 진리를 자세히 살피는 훈련으로, '진리를 알지니 진리가 너희를 자유롭게 하리라(요한복음 8장 32절)'는 말씀에 근거한다. 성경 읽기가 지식을 쌓으려는 게 아니라 삶과 성품의 변화에 있다는 것을 잊지 말아야 한다. 에베소서, 요한일서 같은 적은 분량의 성경말씀을 1개월 동안 매일 한 번씩 통독하는 방법도 유익하다. 성경을 공부할 때 기독교 고전에 관한 학습도 추가하는 것이 좋다. 그렇게 하면 성경의 이해를 심화하게 해준다.

외적 훈련에는 단순성(정직)의 훈련, 홀로 있기의 훈련, 복종의 훈련, 그리고 섬김의 훈련이 있다.

'단순성의 훈련'은 '거룩한 중심'을 갖고 사는 것을 말한다. 현대인은 거룩한 중심이 없기 때문에 삶의 방향에 통일성이나 중심이 없다. 단순성의 훈련에서는 재물보다 하나님을 의지하며 재물은 다른 이에게 관대히 나눠준다. 비천해질 때나 풍족할 때나 만족할 줄 아는 훈련이다. 이 훈련의 중심에는 우리의 소유가 하나님에게서 온 선물이라고 시인하는 자세가 있다. 단순성의 훈련은 우리에게 올바른 시각을 제공해주고 우리를 자유롭게 한다.

'홀로 있기의 훈련'에서는 장소보다 마음과 정신의 상태가 중요하다. 하나님의 세미한 음성을 좀 더 잘 듣기 위해 필요한 훈련으로, 고요한 시간에 하나님과 교통하여 일생을 위한 목적지와 방향을 정한다.

'복종의 훈련'을 통해서는 항상 일이 내 마음대로 되어야 한다고 생각하는 무거운 짐을 버릴 수 있는 자유를 얻는다. 자기 부인은 '복종의 훈련' 기초다. 예수님도 자기 부인이 우리 자신을 사랑하는 유일한 길이라고 여러 차례 분명히 밝히셨다.

'섬김의 훈련'을 통해서는 겸손의 미덕이 우리의 삶 속에 이뤄진다. 자기 의에서 나온 섬김은 인간의 노력을 통해 오며 결국 개인의 영광에 중심을 두고 있지만, 진정한 섬김은 내면 깊은 곳에 계시는 하나님과의 관계에서 온다.

단체 훈련에는 고백의 훈련, 예배의 훈련, 인도하심을 받는 훈련, 그리고 기뻐하는 훈련이 있다.

'고백의 훈련'을 통해 우리는 죄의 끈질긴 습관에서 벗어날 수 있다. 훌륭한 고백을 위해서는 양심의 성찰, 슬픔, 죄를 멀리 하겠다는 결단이 필요하다.

특히 슬픔이 중요하다. 슬픔은 고백을 진지하게 받아들이는 방식이다. 고백할 준비를 하면서 죄에서 구조되려는 의지를 달라고 하나님께 구해야 한다. 하나님께 정복되고 통치받기를 갈망해야 한다. 고백은 슬픔으로 시작되지만 기쁨으로 끝난다. 참으로 변화된 삶이 고백의 결과로 오기 때문이다.

'예배의 훈련'이란 예배를 체험하고 생명과 접촉하는 일이다. 모여든 회중들 가운데에서 부활하신 그리스도를 느끼고 체험하는 것이다.

예배는 하나님의 하나님 되심에 대한 인간의 응답이자 아버지의 마음에서 흐르는 사랑에 대한 우리의 응답이다. 그 예배의 본질은 '영과 진리'에서 찾을 수 있다. 기도와 찬양으로 예배를 인도할 수 있지만 예배는 그 이상의 것이다. 우리가 주님께 예배하는 것은 그분의 됨됨이 때문만이 아니라 그분이 행하신 일 때문이기도 하다.

찬양은 우리를 예배로 인도한다. 시편은 예배의 문학이며, 가장 뚜렷한 특징은 찬양이다. 옛 언약은 소와 염소의 제사를 요구했지만 새 언약은 찬미의 제사를 요구한다. 예배의 절정은 무엇인가? 우리로 하여금 '내가 여기 있나이다. 나를 보내소서'라고 응답하게 만드는 것이다.

'인도하심을 받는 훈련'은 중요하다. 하나님이 각 개인을 인도하시기 때문이다. 물론 하나님의 인도를 받는 훈련에 있어서 가장 성숙한 사람이라도 다른 사람의 도움이 필요하다. 중세기에는 아무리 위대한 성인이라도 영적인 지도자의 도움 없이는 내면을 탐구하려고 하지 않았다.

'기뻐하는 훈련'은 근심, 걱정으로부터 자유를 누리는 훈련이다. 하나님은 우리의 탄식을 춤으로 바꾸실 수 있는 분이다. 기뻐하는 훈련은 인생에 힘을 주며 기쁨을 선물한다. 그 기쁨은 우리를 강하게 한다.

영적인 생활에서 참다운 기쁨을 생산하는 것은 오직 하나다. 바로 '순종'이다. 예수님께서 순종의 축복과 비길 축복은 없다고 말씀하셨다. 기쁨은 그리스도를 순종함에서 오며 또한 그렇게 순종한 결과다. 순종 없는 기쁨은 공허한 모조품이다.

하나님께서는 훈련들을 통해 우리의 삶에 변화를 가져 오신다. 마음속에 변화가 생기기 전까지는 참다운 기쁨을 알지 못한다.

따라서 우리는 '푯대를 향하여 그리스도 예수 안에서 하나님이 위에서 부르신 부름의 상을 위하여 달려가노라(빌립보서 3장 14절)'는 사도 바울의 말씀을 기억해야 한다.

묵상, 금식, 공부, 홀로 있기, 복종, 인도하심 받기 등의 훈련은 우리의 외적 습관을 변화시켜서 우리 삶에 '하나님의 풍성하심'이 임하게 한다.

특별히 저자는 단순성을 성경적으로 바로 이해하고 적용하면 우리의 외적, 내적 삶에 즐거움과 균형을 얻을 수 있고 나아가 하나님의 섭리를 선물로 누릴 수 있는 자유를 얻게 된다고 설명한다. 이 책은 균형 있는 영적 성장을 위한 필독서다.

# 어떻게 하면 의미 있는 삶을 살 수 있는가?

『하나님 나라 최전선에 서라』
**제임스 에머리 화이트** 지음 | IVP

책의 저자 제임스 에머리 화이트는, '삶'이 '의미 있게 되기'를 원한다. 하나님께 뜻 깊게 사용되기를, 그분의 크고 강한 손에 붙들려 의미 있는 일을 행하기 위해 역사의 무대에 오르길 원한다. 그는 이 세상에서 시작된 하나님의 위대한 운동의 선봉에 서고 싶다고 말한다.

사람들은 전도 집회에서 감동을 받았을 때, 어려운 사람을 위해 자신을 희생하는 사람들을 볼 때 영혼이 출렁이는 느낌을 받는다. 그러나 현실로 돌아오면 그 감동은, 그 느낌은 이내 사라진다. 우리는 너무나 빨리 역사 만들기를 돈 벌기와 바꿔 버리고, 삶을 세우는 작업을 경력 쌓기로 대신하며, 하나님을 위한 희생의 삶을 주말을 위한 삶으로 대체한다. 우리는 성공을 위해 의미를 포기하고 원대한 삶 대신 직위와 지위, 집과 자동차라는 껍데기를 추구한다.

예수님은 세상에서 인간의 영원한 운명을 놓고 선과 악 간의 거대한 우주적 싸움이 벌어지고 있다고 보셨다. 그분은 자신을 따르는 자들에게 이 싸움에 참여하여 역사를 창조하라고 촉구하셨다. 우리는 위기의 시대를 통과하고 있다. 그리고 심각한 시대는 진지한 삶을 요구한다.

저자의 말에 의하면, 이 세상을 바꾼 사람들의 삶에는 네 가지 특징이 있다. 자신들의 영혼에 깊이를 더했고, 기독교인의 지성을 계발했으며, 하나님의 부르심에 응답했고, 교회와 연합하여 사역을 했다. 저자는 다음과 같이 세 가지 질문을 던진다.

"어떻게 하면 당신은 이 세상을 바꿀 수 있는가?"

"어떻게 하면 당신은 그리스도를 위해 영향력을 발휘할 수 있는가?"

"어떻게 하면 당신은 의미 있는 삶을 살 수 있는가?"

저자는 이 물음에 답하기 위해 일곱 명의 역사적 인물들을 소개하면서 우리에게 주어진 과제를 이야기한다. 이 책이 소개하는 교회사의 인물들은 윌리엄 윌버포스, 디트리히 본회퍼, 성 파트리키우스, 성 베네딕투스, C. S. 루이스, 마더 테레사, 마르틴 루터다. 그들은 모두 하나님 나라 최전선에서 사역한 역사적 인물들이다.

윌리엄 윌버포스는 '영국의 양심'이라고 불리는 크리스천 정치인이다. 1780년에 케임브리지 대학교를 졸업하고 하원의원이 되었다. 그는 기독교를 받아들인 1784~1785년에 자신에게 '위대한 변화'가 일어났다고 말했다. 이 변화가 그의 인생행로를 바꿔 놓았다.

윌리엄 윌버포스는 신앙의 눈으로 역사를 봤는데, 특히 노예무역의 참상을 새롭고 분명하게 보았다. 1789년 5월 12일 영국이 정책을 바꿔야 한다고 의회에서 강력하게 주장하면서 장장 세 시간 동안 자신의 확신과 해결책을 쏟아놓았다.

"노예무역의 해악이 너무 엄청나고 너무 무섭고 너무 노골적으로 드러났기 때문에, 나는 그것의 폐지를 위해 살기로 굳게 결심했습니다."

정말로 그는 쉬지 않았다. 20년 동안 영국의 노예무역을 폐지하는 일에 자신의 삶을 바쳤으며, 영국의 식민지들과 전 세계에서 노예제도를 폐지하게 만드는 일에 또 다른 26년을 바쳤다. 편견과 핍박, 그리고 죽음의 위협에도 굴하지 않았다. 그 결과 죽기 불과 며칠 전에 영국이 식민지 전역에서 노예무역을 폐지하는 것을 볼 수 있었다. 그는 역사의 물줄기를 바꾸는 일에 자신의 삶을 바쳤으며 정말로 역사의 물줄기를 바꿨다.

디트리히 본회퍼는 나치 깃발이 드리운 어두운 시대에 살았던 독일인 목사다. 그는 히틀러의 잔학 행위에 맞서다가 레지스탕스 운동을 주도한 혐의로 체포되어 1945년 4월 9일 처형당했다. 그는 감옥에 갇히기 6년 전에 이런 글을 남겼다.

'그리스도께서 한 사람을 부르실 때 그분은 그에게 와서 죽으라고 명하신다.'

디트리히 본회퍼는 '세상 속의 기독교인'이 무엇을 의미하는지 깊이 생각했다. 그에게 나치 정권에 대한 저항은 정치적인 문제가 아니라 영적인 문제였다. 바로 제자도의 문제였다. 그의 충성은 '총통보다 높으신 주님'을 향한 것이었다.

그의 책 『신도의 공동생활』에 기술되어 있듯이, 그는 세속적인 세상 앞에서 기독교인의 삶을 살기로, 또한 다른 사람들도 그렇게 살도록 이끌고자 노력했다. 그와 같이 수감되었던 한 영국군 장교는 "본회퍼는 하나님이 그 삶에 현존하시며 늘 곁에 계시는 극소수의 사람들 가운데 하나였다"라고 말했다.

디트리히 본회퍼는 제자도의 대가가 무엇인지, 제자도의 소명이 무엇인지 보여주었다.

성 파트리키우스는 1500년 전에 살았던 아일랜드 민족의 사도이다. 본래 영국에서 살고 있었으나 납치되어 아일랜드에서 노예생활을 하면서 목동으로 일했다. 그곳에서 그는 신앙을 갖게 되었으며, 6년을 기도한 끝에 마침내 탈출에 성공했다. 그러나 고향에 돌아온 그는 아일랜드에서 온 듯한 사람이 자신에게 '아일랜드의 음성'이라는 제목의 편지를 건네는 꿈을 꾸었고 자신의 도움을 요청하는 음성을 들었다. 결국 그는 선교사가 되어 아일랜드로 돌아갔다.

전설에 의하면 그는 아일랜드의 뱀들을 바다로 몰아넣었다. 지금도 아일랜드에는 뱀이 없다. 또한 클로버로 삼위일체를 설명했는데 이후 클로버는 아일랜드의 국화가 되었다.

성 파트리키우스는 아일랜드의 문화 전체를 영적인 방향으로 이끌었으며 아일랜드 사람들을 그리스도에게 인도했다. 그는 로마 세계 밖으로 들어간 최초의 기독교 선교사였으며, 그의 발걸음은 콜럼버스의 발걸음처럼 담대한 것이었다. 아일랜드 역사의 물길을 바꿔 놓았을 뿐만 아니라 그 이후 오랜 시간 동안 아일랜드가 야만적인 유럽을 비추는 등불이 되게 했다.

이렇듯 이 책은 하나님 나라 최전선에 선 역사적 인물들의 생애를 보여주면서 영적 훈련의 방법과 소명의 의미를 알려주고 있다. 또한 삶의 의미를 찾아 헤매는 기독교인들에게 하나님 나라의 비전에 진지하게 반응하도록 한다.

"우리 시대의 위험은 개인적인 책임의식의 부재다. 우리는 어떤 일이 우리에게 달려 있지 않다고 생각하게 만드는 유혹을 받는다. 우리는 자신이 하는 것이나 하지 않는 것이 실제로 중요하다는 생각을 사실 이해하지 못한다. 우리가 반응해야 한다는 의식은 거의 없다. … 그러나 당신이 행동해야 할 곳은 바로 세상이며, 소금과 빛으로 행동할 때 세상은 중요해진다."

저자 제임스 에머리 화이트는 우리에게 '어둠을 몰아내고 빛을 비추기 위해 피를 흘리면서까지 싸워라'고 말한다.

# 진리의 기본에 충실하라

『기독교의 기본진리』
**존 스토트** 지음 | **생명의말씀사**

『기독교의 기본진리』는 지난 50여 년간 한결같이 사랑받고 있는 스테디셀러다. 이 책은 《월드》 선정 밀레니엄 100대 도서, 《크리스채너티 투데이》 선정 20세기 100대 도서에 선정되었다.

'제1부 그리스도는 누구인가'에서 저자는 기독교의 진리를 이해하려면 올바르게 접근해야 한다고 말한다. 기독교의 기본진리는 그리스도, 죄, 구원, 죄 사함, 기독교인의 삶에 대한 성경적 가르침이다.

저자의 말에 의하면, 기독교는 하나님께서 계시로 인간들을 친히 그리고 먼저 찾으신 종교다. 구약시대에는 선지자로, 신약시대에는 말씀을 육신으로 보내셔서 우리에게 직접 말씀하셨다.

우리는 부지런히, 겸손하게, 정직하게, 그리고 순종하는 자세로 찾아야 한다. 지적 편견과 도덕적 자기 의지라는 두려움을 떨치고 하나님을 찾아야 한다. 우리가 하나님을 이해하기 위해서는 말씀인 성경을 통해 찾고, 그 말씀에 순종해야 한다.

기독교에 대한 탐구는 그리스도로부터 시작되어야 한다. 기독교는 본질적으로 그리스도이기 때문이며 또한 예수 그리스도가 신성을 지닌 유일한 분이라는 것이 증명되면 다른 문제는 자연히 해결되기 때문이다.

예수 그리스도가 하나님의 독생자라는 증거는 그리스도 자신의 주장이다. 예수님의 가르침이 다른 성인과 구별되는 특징은 자기중심적이라는 점이다. 예수님은 진리를 다른 곳에서 찾지 말고 (자신이 진리니) 자신을 따르라고 명백하게 말씀하셨다. 자신을 본 자는 아버지이신 하나님을 본 자라고 했고, 자신을 믿는 것은 하나님을 믿는 것이라고 주장했다.

예수 그리스도는 하나님께만 속한 일인 죄 사함과 영생을 준다는 것, 그리고 세상을 심판하는 권세가 있다는 말씀을 통해서 신성을 간접적으로 주장하셨다.

마지막으로 기적을 보이셔서 자신의 신성을 극화시켜 주장하셨는데 이 표적에는 초자연적인 것뿐만이 아니라 영적인 의미가 내포되어 있다.

저자는 그리스도 부활의 중요성을 강조한다. 부활하신 주님은 직접 나타나셨고, 부활한 예수를 본 제자들은 변화되어 담대한 종이 되었다. 그들은 주님을 위해 기꺼이 목숨까지 내놓았다.

'제2부 인간의 상태'에서는 먼저 죄의 실상과 성격을 다룬다. 그리스도가 이루신 일을 올바로 알기 위해서는 그가 누구신가는 물론 우리는 누구인가도 반드시 이해해야 한다. 역사를 통해서 보거나 현실을 봐도 인간의 죄는 누구나 인정하고 있는 보편적인 것이다. 사람들은 서로 다른 기준을 갖고 있지만 그 기준이 어떤 종류의 것이든 우리는 모두 양심의 가책을 받고 있다.

죄로 인한 결과는 하나님과 우리 자신, 그리고 이웃 사람들에게 미치는 죄의 영향을 보면 가장 잘 알 수 있다.

우선 죄로 말미암아 우리는 창조주 하나님과의 관계가 단절된다. 이러한 단절은 영적인 죽음을 의미한다. 이 단절에 대한 책임은 하나님께 있지 않고 우리에게 있다. 타락한 인간은 자신의 죄에 속박을 당해 죄의 노예가 되어 끌려 다닌다. 죄는 단순히 잘못된 외적 행동이나 습관이 아니라 깊은 곳에 자리 잡고 있는 내적 부패다. 또한 우리의 이웃들과 갈등을 일으킨다.

'제3부 그리스도가 하신 일'에서는 그리스도의 죽음과 구원의 문제를 다룬다. 우리의 죄는 우리를 하나님에게서 분리시켰으나 그리스도께서는 우리가 다시 하나님께로 복귀하기를 원하셨다. 예수님은 십자가에서 죄 없는 어린양으로서 단번에 속죄를 이루셨다.

구약시대의 죄 사함의 방법인 제사제도는 '피 없이는 구원도 없다'는 하나님의 구원방식을 보여준다. 그리스도는 우리를 하나님의 심판과 죄의 속박에서 구원하시기 위해 피를 흘리셨다. 이 일이 이뤄지려면 반드시 이 피가 우리 각각의 마음에 뿌려져야 한다.

저자에 따르면, 하나님의 계획은 우리를 하나님과 화목하게 한 다음 점진적으로 자기중심이라는 굴레에서 해방시켜 다른 사람들과 화목하게 하시는 것이다. 자기로부터의 해방은 성령을 통해서, 사랑의 교제로의 연합은 교회를 통해서 이뤄진다.

우리는 예수님의 죽음으로 죄 사함을 받았지만 계속해서 죄를 짓고 죄의 노예상태에 머무른다. 하지만 예수님께서 제자들에게 자신의 승천 후 보내실 보혜사, 곧 '진리의 성령'에 관해 말씀하셨다〔그러나 진리의 성령이 오시면 그가 너희를 모든 진리 가운데로 인도하시리니(요한복음 16장 13절)〕. 초대교회의 제자들이 성령 충만으로 변화되었듯이 오늘날에도 이러한 약속은 우리들에게도 이뤄지고 있다. 우리의 힘으로는 예수님과 같은 성품을 가질 수 없지만 신자 안에 계신 성령께서는 친히 성령의 아홉 가지 열매(사랑, 희락, 화평, 오래 참음, 자비, 양선, 충성, 온유, 절제)를 맺게 하신다(갈라디아서 5장 22절~23절). 또 예수님을 교회로 세우셔서 우리들이 각 교회의 지체로 공동체를 이뤄 예배와 교제 그리고 봉사를 통해 성도의 삶을 살아가게 하셨다.

'제4부 인간이 해야 할 일'에서 저자는 예수께서 인류에게 자신의 구원을 주신 반면 그들의 복종을 요구하셨다고 말한다. 그리스도를 따르려면 우선 버리는 일이 있어야 한다는 말이다.

첫째 죄를, 둘째 자기를 버려야 한다. 그리고 세상을 향해 나아갈 때 복음을 부끄럽게 여기지 말고 사람들 앞에서 주님을 시인하라고 명령한다. 이러한 일들이 어렵지만 우리, 다른 사람들, 마지막으로 그리스도를 위한 것임을 잊지 말아야 한다.

하나님께서는 우리가 기독교인으로서 성장하길 원하신다. 바로 지식이 성장해야 하며 아울러 성결의 성장도 해야 한다. 경건의 훈련이 지속적으로 이뤄져야 한다는 말이다.

저자는 하나님께 대한 의무로 말씀 묵상과 기도를 강조한다. 교회에 대한 의무는 교회 안에서 지체들과 함께 예배하며 교제하는 것이다. 세상에 대한 의무는 세상에서 우리들이 빛과 소금의 역할을 감당하기 위해 봉사와 전도를 하는 것이다. 그리고 진정한 기독교인의 삶을 시작하는 길은 기도를 통해서다. 성경을 자신의 지침으로 여기는 균형 있는 기독교인이라면 '그리스도 안' 과 '세상 안'에서 동시에 똑같이 살려고 노력할 것이다.

**더 읽어볼 책** ··········································································

• 『구원 그 이후』 **박영선** 지음 | **새순출판사**
• 『그리스도의 십자가』 **존 스토트** 지음 | IVP
• 『그리스도인이 걸어야 할 길』 **갓프리 로빈슨 외** 지음 | **성서유니온선교회**
• 『부활의 증거』 **노먼 앤더슨** 지음 | IVP
• 『하나님을 아는 지식』 **제임스 패커** 지음 | IVP

## 3장

# 응답받는 기도를 하고 싶을 때

"우리의 기도는 서툴지 모른다. 우리의 힘은 미약할지 모른다. 하지만 기도의 힘은 기도하는 사람이 아니라 들으시는 분께 있으므로 우리의 기도는 응답될 수 있다."

미국의 대표적인 기독교 작가이면서 가장 영향력 있는 저자 가운데 한 사람인 맥스 루케이도의 말이다.

기도는 영혼의 호흡이다. J. C. 라일은 "기도 없는 사람은 하나님 없는 사람"이라고 말했다. 기도는 성도의 삶의 상태를 보여주는 시금석이자 신앙 성장을 이루는 절대적인 방편이다.

갓 태어난 아이가 우는 것처럼, 기도는 기독교인의 본성 일부이자 일상이다. 거듭난 사람은 하나님의 은혜와 긍휼이 얼마나 필요한지 날마다 절감한다. 스스로가 얼마나 보잘것없고 나약한 자인지 깨닫는다. 그러므로 기도하지 않을 수 없다.

기독교인들은 기도를 배우길 원하고 기도의 깊은 단계를 경험하길 원한다. 그러나 많은 사람이 기도의 실천에서 어려움을 호소한다. 신앙 질문 가운데 가장 많은 부분이 기도와 관련되어 있다. 주님의 제자들도 기도를 가르쳐 달라고 하지 않았는가.

마더 테레사는 "더 많이 기도할수록 기도는 그만큼 쉬워진다. 기도가 쉬워지면 기도를 더 많이 하게 된다"라고 말했다.

수영을 하려면 물속에 들어가야 한다. 마찬가지로 기도는 기도하면서 배울 수 있다. 어린 아이도 할 수 있을 정도로 쉽지만 기도의 용사도 그 깊이를 다 알 수 없는 것이 기도다.

영성 작가 헨리 나우웬은 그의 저서 『춤추시는 하나님』에서 '기도는 하나님이 어떤 일을 하실지 모른다고 인정하는 것이다. 그러나 이런 모험에 마음을 열지 않는 한, 그분의 일을 절대 알 수 없다는 사실을 잊지 말라. 여러 면에서 기도는 삶에 대한 하나의 태도다'라고 했다. 그렇다. 기도는 신앙의 가장 명백한 표현이요, 신앙고백의 실천이다. 따라서 기도할 때 우리는 하나님의 말씀에 주어진 약속을 붙들어야 한다.

'청교도의 아버지'라고 불린 청교도 운동의 지도자 윌리엄 퍼킨스 목사는 "우리는 기도할 때 하나님의 약속들을 사용해야 하며, 그 약속에 맞춰 우리의 간구를 다듬어야 한다"고 했다.

우리는 두려움과 곤궁, 유혹에 깊이 빠져 있을 때 머리를 들고 위를 바라봐야 한다. 하나님이 우리를 도우러 오실 수 있도록 눈을 돌려 주님께 도와달라고 호소해야 한다. 우리의 기도를 기다리고 계시기 때문이다. 기도하는 사람은 하나님의 도우심을 체험할 것이다.

영성 작가 앤드류 머레이는 "기도에 투자한 시간은 일에 투자한 시간보다 더 많은 결과를 가져올 것이다. 오직 기도만이 일에 가치를 부여하고 또한 성공을 가져다준다. 기도는 우리 안에서 그리고 우리를 통해 하나님께서 그분의 일을 하실 길을 열어 놓는다"라고 말했다. 19세기 영국 최고의 설교자 찰스 스펄전은 "기도는 우리를 더 큰 일에 준비시켜 주는 게 아니라 기도가 곧 더 큰일이다"라고 말했다.

기독교인에게 기도는 무엇인가? 기도는 우리로 하여금 하나님의 뜻을 행하도록 해준다. 우리의 기도는 국가의 운명도 바꿀 수 있다. 기도는 영적 전쟁을 치루기 위해 하나님이 주신 무기이다.

　　기도 없이 사는 사람은 은혜 없이 사는 사람, 소망 없이 사는 사람, 천국 없이 사는 사람이다. 기도는 거듭난 생명의 첫 움직임이자 성령 역사의 참증거이기 때문이다. 그러므로 기독교인은 쉬지 말고, 간절히, 그리고 전심으로 기도해야 한다. 기도하는 만큼 우리의 영혼은 자라날 것이며, 주님이 들으시고 응답하실 것이다.

　　이번 장에서 소개하는 책들은 기도의 거장들이 쓴 명저들이다. 기도에 관해 수천 권의 책이 있지만 그중에서 고른 이 책들의 안내를 받으면 어렵지 않게 '기도의 궁전'으로 들어갈 수 있을 것이다.

# 진정한 기도는 불타는 기도다

『기도의 심장』
E. M. 바운즈 지음 | 규장

'기도의 사람'이라고 불리는 저자는 평생 하나님을 향한 기도를 삶의 최우선으로 삼았다. 매일 새벽 4시에 일어나 열방을 가슴에 품고 하나님께 기도했다.

기도는 먼저 믿음에서 출발해야 한다고 저자는 말한다. 기도 응답을 기다리기 전에 우리 자신부터 바뀌어야 하며 구체적인 기도를 통해 의심과 두려움을 몰아내야 한다. 두려움과 의심은 참된 기도와 양립할 수 없다.

또한 온전한 신뢰로 하나님의 약속을 거머쥐라고 말한다. '기도한다는 것'은 온전한 신뢰의 표현이기 때문이다. 동시에 기도하고 싶은 마음이 들거나 말거나 뜨겁게 갈망하는 마음으로 기도해야 한다.

믿음의 기도로 응답을 받은 수많은 사람은 인내로, 뜨거운 갈망으로 기도했다. 성경의 인물이나 예수님을 봐도 기도할 때 간절히 기도하는데, 저자는 우리에게도 이러한 모습을 요구하고 있다. 이러한 갈망은 단순한 정욕이 아니다. 가난한 마음, 오직 하나님의 도우심으로만 할 수 있다는 겸손함이 뜨거운 갈망을 생기게 한다. 하나님과 그분의 의에 주리고 목말라 하면서 그분께 갈망해야 한다.

기도하는 사람이라면 낙망치 말고 끈질기게 기도해야 한다. 예수님은 우리가 기도할 때에 게으르지 말고 끈기와 인내를 가지라고 말씀하셨다. 끈질긴 기도는 하나님을 향해 끊임없이 갈망하고 붙잡고 늘어진다. 아브라함, 모세, 엘리야, 다니엘, 예수님, (딸에게서 귀신을 쫓아내주기를 예수님께 바랐던) 수로보니게 여인 등은 끈질기게 기도한 사람들의 대표적인 예이다.

믿음이 적은 사람은 기도를 하다가 중단하지만, 믿음의 사람은 그 기도가 응답될 때까지 기도한다. 또한 하나님의 지연과 거부가 있어도 그 응답에 순종한다.

저자는 '기도의 열차를 달리게 하는 것은 불이다'라고 했다. 저자의 말에 의하면, 갈망은 기도의 필수적인 요소이다. 갈망은 기도에 선행하고, 기도는 다시 갈망을 더욱 뜨겁게 만든다. 갈망이 입으로 표현된 것이 바로 '기도'이다. 갈망이 깊을수록 기도는 더 강해진다.

우리가 갈망에 집중할 때 우리의 기도는 하늘 은혜의 보고로 직행한다. 갈망이 없다면, 기도는 아무 의미 없이 혼자 중얼거리는 것에 불과하다. 그러므로 갈망이 없는 기도는 시간을 낭비할 뿐이다.

경건한 묵상을 할 때 거룩한 갈망이 생긴다. 따라서 우리의 영적 필요를 깊이 묵상해야 한다. 그리고 그것을 채워주실 하나님의 의지와 능력을 묵상해야 한다. 그렇게 하면 갈망이 무럭무럭 자랄 것이다. 기도하기 전에 말씀을 깊이 묵상해야 한다.

진정한 기도는 불타는 기도이다. 기독교인의 삶과 인격은 활활 타올라야 한다. 불충성의 원인은 믿음의 부재가 아니라 영적 뜨거움의 부재이다. 기도로 불타는 영혼은 영적 전쟁에서 승리한다.

"열정이 곧 기도는 아니다. 하지만 열정은 뜨거운 영혼에서 나오며 하나님께서 귀하게 여기신다. 기도의 열정은 하나님께서 기도 응답을 통해 베풀어주실 것을 미리 보여주는 징조이다. 하나님께서는 우리가 기도로써 그분의 얼굴을 찾는 열정의 정도에 비례하여 우리의 소원을 이뤄주겠다고 약속하셨다."

우리 마음대로 열정적인 마음을 품을 수 없지만 열정을 달라고 하나님께 기도해야 한다. 또한 그 열정을 갖고 끈질기게 기도해야 한다. 응답이 늦어지는 것처럼 보일수록 오히려 더욱 끈기 있게 인내하며 기도해야 한다.

저자의 말에 의하면, 기도는 습관처럼 항상 드려야 하지만 습관 이상의 것이 되어야 한다. 우리는 끈질긴 기도의 사람이 되어야 한다.

'하나님의 자녀'임을 나타내는 가장 확실하고 분명한 특징은 바로 기도이다. 기독교인인지 아닌지를 구별할 수 있는 분명한 기준도 바로 기도이다. 하나님은 기도하지 않는 사람을 결코 사용한 적이 없으시다. 기도를 잘하려는 사람은 먼저 하나님의 말씀을 공부하고 그 말씀을 마음과 머리에 가득 채워야 한다.

진정한 기도는 기도하는 사람의 인격과 행동을 변화시킨다. 기독교인은 기도를 통해 순종하는 삶을 살아야 한다. 내 뜻이 아닌 하나님의 뜻을 이루기 위해 우리는 기도해야 한다. 하나님의 뜻을 이룬다는 것은 지금 하나님께 순종하고 있음을 인정하는 것과 같다.

기도에 대해 응답받기 위해서는 하나님께 순종해야 한다. 진실한 기독교인은 절대 순종한다. 순종 없이는 응답도 없다. 저자는 '본향에 돌아갈 때까지 기도의 칼을 칼집에 꽂지 말라'고 호소한다.

기도에 있어 하나님의 말씀은 중요하다. 하나님의 말씀은 기도하도록 감동을 준다. 성경에서 깨달아야 할 기도에 관한 세 가지 사실이 있다.

첫째, 이 세상에서 하나님의 일을 성공적으로 완수하려면 반드시 기도해야 한다.

둘째, 기도하는 사람은 이 땅에서 하나님의 대리자 역할을 해야 한다.

셋째, 하나님은 기도하지 않는 사람을 결코 사용한 적이 없으시다.

기도는 지렛대이고, 말씀은 지레 받침이다. 우리는 이 지렛대와 지레 받침을 통해 무거운 짐을 들어 올릴 수 있다.

기도는 하나님의 말씀에 의존한다. 하나님은 기도와 말씀 속에 무수히 많은 보물을 숨겨 두셨다. 그리고 기도를 통해 그분의 약속이 성취되도록 하신다. 말씀은 기도의 기초이며 기도하도록 감동을 준다.

하나님의 말씀은 기도에 자신감을 실어준다. 말씀이 우리의 심령에 새겨질 때 우리의 마음속 깊은 곳에서 거부할 수 없는 기도의 물결이 솟아날 것이다. 우리의 마음속에 가득 채워진 말씀은 우리의 기도에 활력과 뜨거움을 제공한다. 하나님의 말씀은 기도를 강하게 해주는 기도의 양식이다.

기도를 잘하기를 원하는가? 성경책을 펴라. 기도하면 할수록 하나님의 말씀을 사랑하고 열심히 읽게 된다.

기도는 우리로 하여금 하나님 말씀에 순종하도록 이끌며, 하나님께 순종하는 자에게는 말로 표현할 수 없는 기쁨을 준다. 기도하는 사람은 성경을 읽게 되고, 성경을 읽는 사람은 기도하게 된다. 성경의 하나님과 기도의 하나님은 동일하신 분이다. 하나님은 성경을 통해 말씀하시고, 인간은 기도를 통해 하나님께 말씀드린다.

성령 충만한 삶의 관건은 성경 읽기와 기도이다. 성경 읽기와 기도는 은혜 안에서 우리의 믿음을 성장시키는 데 제일 큰 도움을 준다. 이 두 가지를 게을리하는 사람은 조만간 영혼이 여위어 기쁨과 평안을 잃고, 영성은 메마르게 된다. 하나님의 말씀을 규칙적으로 읽고 지극히 높으신 분의 은밀한 곳을 찾아 습관적으로 기도하는 사람은 원수의 공격으로부터 안전을 보장받는다.

기독교인은 영적 원수들과 싸워 이기려면 잠에 취하지 말고 깨어 있어야 한다. 사탄은 결코 잠들지 않는다는 것을 깊이 명심하자. 그리스도의 군사가 승리할 때 결정적인 역할을 하는 것은 육적인 싸움이 아니라 기도를 통한 영적 싸움이다. 항상 깨어 있어야 영적 싸움에서 이길 수 있다.

저자는 기도하지 않으면 더 이상 믿음이 살아있지 않다고 강조한다. 보이지 않는 것들에 대한 믿음을 우리의 기도가 비추고 있다.

믿음이 있다면서 '기도하라'는 하나님의 명령에 따르지 않고 기도하지 않는다면 그 삶에는 순종이 없다. 순종이 없다면 참된 믿음도 없으니 믿음의 진전이 없게 된다.

우리에게 믿음이 있다면, 그 믿음을 열심히 붙잡고 하나님께 기도해야 한다. 이런 기도의 삶은 우리를 변화시킨다. '의인으로서의 삶'이 기도로 이뤄진다는 말은 결코 과장된 표현이 아니다.

# 기도는 하나님과의 친밀한 대화

『대화식 기도』
**로자린드 링커** 지음 | **생명의말씀사**


'기도는 하나님과의 대화다'라는 메시지로 복음주의교회의 기도 패러다임을 단숨에 바꿔버린 책이다. 저자는 '매일 사용하는 언어로 편안하게 기도하라. 때에 맞게 기도하라'고 말한다. 기도는 하나님과의 대화를 통해 인간의 마음을 표현하는 것이기 때문이다.

저자의 말에 의하면, 기도는 사랑하는 사람들 사이에 오가는 정다운 대화다. 기도가 자연스러울수록 하나님은 그만큼 더욱 우리 가까이에 오신다고 강조한다.

저자는 "왜 함께 기도해야 할까?"라고 스스로 묻고 답한다.

첫째, 하나님께서 두 사람이 모이면 함께하시겠다고 약속하셨기 때문이다.

둘째, 혼자 있으면 삶의 문제에 짓눌려 자칫 절망하기 쉽다는 사실을 예수님은 익히 아셨기에 함께 기도하라고 가르치신 것이다. 짐을 나눠 가지면 가볍지 않은가?

셋째, 우리가 기도할 때 성령께서 우리를 돌아보시기 때문이다. 성령은 항상 우리를 의식하고 계신다.

넷째, 그분은 우리가 필요로 하는 것이라면 무엇이든 채워주고 싶어 하신다.

다섯째, 다른 사람들과 함께 어울려 기도하면 새로운 지체를 얻을 수 있다. 함께 더 많이 기도할수록 더욱 신뢰하게 된다.

일상에서 기도생활을 잘 할 수 있게 하는 방법이 있다.

침대 가장자리, 사용하지 않는 방이나 작은 골방 등 홀로 기도할 수 있는 일정한 장소를 정하라. 그러면 기도 시간이 되어 그곳으로 갈 때마다 육적, 영적 안식이 그곳에서 당신을 기다리고 있다는 사실을 깨닫게 된다.

당신을 사랑하는 분을 만날 수 있다고 기대하고, 기도가 절반만 들릴 정도의 목소리로 기도하라. 내부로부터 깊고 말 없는 격한 사랑과 찬미가 솟아지더라도 자신의 목소리를 들음으로써 당신의 생각들을 그분에게 집중시킬 수 있다.

마지막으로, 매일 성경과 성경을 이해하는데 도움을 주는 서적을 읽어라.

저자가 제안하는 '대화식 기도의 4단계'는 다음과 같다.

1단계, 그분의 임재로부터 시작한다. '예수님께서 기도하는 이 자리에 계신다(마태복음 18장 19절~20절)'고 믿으며 그분을 상상하라. 예수님을 마음에 그리는 창조적인 상상도 필요하다. 그분 앞에서 어린 아이의 심정으로 기도해야 한다.

2단계, 감사하는 기도로 시작하라. '하나님, 감사합니다'라고 고백하라(빌립보서 4장 4절~7절). 감사는 마음을 여는 예배다. 자신에게 목소리가 들리게, 간단히, 그리고 분명하게 기도하라. 나만을 위한 폐쇄된 기도가 아니라 다른 사람들을 위해 구하는 개방적인 기도를 하라.

3단계, 죄를 자백하고 용서를 구하라. '하나님 저를 용서하옵소서'라고 기도하라(야고보서 5장 13절~16절). 고백은 예배의 일부분이다. 하나님 앞에서 정직하게 고백하라. 자신의 부족함과 연약함을 인정하면서 기도하라. 또한 용서를 구할 일이 있다면 다른 사람들과의 화해를 위해 기도하라. 하나님께서 화해의 기회를 주실 것이다.

4단계, 형제를 위하여 기도하라. '나의 형제를 도와주소서'라고 기도하라(마가복음 11장 25절). 기도의 반응이 들릴 수 있게 사랑과 감사로 간단하게, 이름들을 말하라. 당신이 기도할 때 성령께서 말씀을 주실 것이다. 다른 사람이 당신을 위해 기도할 때 감사하라. 어떤 사람과 서로 등진 일이 있어도 기도 가운데 용서하라. 이것은 기도로 하나가 되는 것이며 행함으로써의 사랑이다.

기도의 목적은 하나님께 전심으로 집중하는 것이다. 예수님께서 "너는 기도할 때에 네 골방에 들어가 문을 닫고 은밀한 중에 계신 네 아버지께 기도하라"고 말씀하셨다.

혼자 기도하든, 여러 사람과 함께 기도하든지 간에 자신의 일이나 생각에 사로잡히지 않도록 노력해야 한다.

저자는 기독교인이 되고 25년 동안 효과적인 기도를 가로막는 많은 장애물과 싸웠다. 그러던 중에 자신을 괴롭히는 수많은 문제가 하나님께서 그를 위해 준비하신 놀라운 교훈들로 인도하는 디딤돌이 된다는 사실을 마침내 깨달았다.

여러 모임에서 일하면서 대화식 기도의 평이성을 통해 일어난 생생한 반응을 직접 봤다. 대화식 기도는 기도의 참된 의미를 가르쳐 주는 동시에 그 의미를 밝혀준다.

대화체로 기도하는 것, 곧 하나의 문제를 붙들고 계속 기도하는 것은 '영적 일체감'을 형성하는 자연스러운 방법이다. 우리 모두 하나님 안에 있기 때문에 하나님의 치유하시는 사랑은 누구나 누릴 수 있다.

우리는 하나님 안에서 함께 있으며 모두가 형제요, 자매다. 진정한 마음으로 드리는 기도는 행동에 의한 사랑이다.

저자는 기도가 '하나님과의 대화'라는 간단하지만 중요한 원리를 강조한다. 기도는 하나님과의 친밀한 대화라는 사실을 언급하면서 앞으로 더 발전하는 기도생활의 방법에 대해 설명한다. 기도가 어렵다고 생각하는 초신자나 기도를 시작한 지 1분만 지나면 기도가 막히는 성도들에게 이 책은 훌륭한 안내자다.

1950년대 복음주의자들은 엘리자베스 여왕시대의 책에서나 사용하는 문어체 말로 마음이 실리지 않은 기도를 했다. 기도회는 형식적인 기도 연설에 지나지 않을 때가 많았다. 이때 저자의 책은 복음주의교회에 커다란 충격을 주었으며 이후 형식적 기도가 아닌 친근한 구어체 기도는 복음주의자들의 기도가 되었다.

대화는 두 사람 혹은 그 이상의 사람들 사이에서 의사를 소통하는 수단이다. 혼자서만 일방적으로 하는 말은 대화가 아니라 독백일 뿐이다. 또한 동일한 주제를 향해 함께 나아가는 것이다.

이 책은 기도가 하나님과의 친밀한 대화라는 점을 강조하면서 우리의 기도생활을 발전시키는 방법을 설명해준다.

# 기도의 맛을 알아가고 있는가?

『응답이 보장된 기도』
**찰스 스펄전** 지음 | **NCD**

『응답이 보장된 기도』는 저자의 설교 중에서 응답받는 기도에 관해 가장 핵심적인 설교를 모아 엮은 책이다.

'1장 주님의 길을 깨닫기 위한 기도'에서 저자는 구원받은 영혼이 성장하는 단계를 소개한 후에, 우리는 모두 배우는 자들이라고 말한다. 우리가 먼저 깨달아야 가르칠 수 있다고 강조하면서 "하나님의 법이 정확히 무엇을 가르치는지, 무엇을 위한 것인지를 알아야 한다. 우리는 어떻게 해서 하나님의 법의 보호를 받으며, 어떻게 그 정죄로부터 자유로울 수 있는지, 또한 복음의 법을 따르는 길이 무엇인지를 이해해야 한다"라고 말한다.

그러므로 우리는 이렇게 기도해야 한다.

"주의 법도를 지키며 따라갈 수 있도록 깨달음을 주소서."

우리가 법도를 지키려면 먼저 예수님이 우리 마음의 중심에 계셔야 한다. 우리에게 법도를 주신 그분의 삶이야말로 이에 대한 최고의 모범이다.

자신의 무지와 어리석음이 너무나 절실하기 때문에 우리는 "나로 깨닫게 하소서"라고 간구해야 한다. 기독교인이라면 누구나 이와 같이 기도해야 한다. 다른 사람을 가르치려는 사람은 특별히 철저한 깨달음을 구해야 한다.

'2장 유혹을 이기는 강력한 기도'에서는 주기도문을 소개하면서 그 기도가 마치 사다리 같다고 말한다. 주기도문은 꼭대기에서 시작해서 아래로 내려간다. 저자는 특히 '우리를 시험에 들게 하지 마옵시고'에 초점을 맞춰 설명한다. 우리는 교활한 사탄의 유혹 앞에 있기 때문에 깨어서 기도해야 한다. 기독교인의 삶을 시작할 때만이 아니라 마지막까지 깨어 있어야 한다.

우리는 감당하기 힘든 시험을 주지 마시기를 하나님께 부르짖어야 한다. 또한 우리의 연약함을 인정하고 겸손하게 기도해야 한다.

스스로 시험으로 걸어 들어가지 않아야 하며 다른 사람을 시험에 빠지게 해서는 안 된다. 조금이라도 부끄러운 일이나 다른 사람들이 따라 하지 말아야 할 일들은 절대로 하지 말아야 한다.

'3장 응답이 보장된 기도'에서는 하나님의 응답이 기도에 보장되어 있다는 사실을 소개한다. 저자는 "주님은 자기 말씀에 반드시 책임을 지신다"라고 말한다.

주님이 직접 하신 말씀을 거스를 수 있는 그 어떤 힘도 우주에 없다. 우리 주님은 만물을 지키시는 분이자 모든 자연법칙을 그의 능력으로 유지하고 움직이시며 세상의 모든 힘과 그 운동을 주관하신다.

우리가 주님의 이름으로 간구할 때, 주님의 권위가 그 기도와 함께 한다. 그분의 이름으로 드려지는 기도는 반드시 이뤄진다는 사실을 믿어야 한다.

입술로 하는 기도뿐만 아니라 행동으로 하는 기도도 있다. 행동으로 기도하는 사람은 겸손하게 부지런히 복을 찾으며 열망과 노력 그리고 수고를 통해 마음으로 간구한다. 계속 찾으면 반드시 찾게 된다. 기도가 단지 눈물이나 한숨, 갈망의 떨림으로밖에 표현이 되지 않아도 진정한 기도는 어떤 모양이든지 하늘의 응답을 받는다.

기도에는 세 가지 점층적인 방식이 있다. 구하는 단계, 찾는 단계, 그리고 두드리는 단계다. 구하는 사람은 구하는 것을 받는다. 찾는 사람은 찾고, 찾은 것을 즐기고, 확실히 붙들고, 원하는 것을 얻었음을 알게 된다. 더 나아가 두드리는 사람은 축복을 받고 즐길 뿐 아니라 그 축복에 담긴 소중한 것을 보게 되고 이해하게 된다. 이 중 하나만으로도 우리의 영혼은 만족을 얻을 수 있다.

'4장 하나님과 씨름하는 기도'에서는 기도가 하나님의 명령이라고 말한다. 하나님은 우리에게 기도를 권면하신 게 아니라 명령하셨다.

우리는 세상일에 대해서는 잘 잊지 않으면서 하나님과 친밀한 교제를 나눈 일은 너무나 쉽게 잊어버린다. 그래서 우리는 하나님을 만나는 최고의 특권에 대해서조차 명령을 받아야만 한다. 하나님의 명령이 아니라면 아담의 자손인 우리는 차라리 굶어 죽을지언정 하나님의 잔치에 참여하려고 하지 않기 때문이다.

저자는 열렬한 기도가 하나님의 은혜를 쟁취한다고 말한다. 그것은 얍복강 나루터에서 하나님과 씨름한 야곱의 모습과 같은 기도다.

자신이 할 수 있는 일까지 하나님이 다 해주시기를 바라는 태도는 잘못된 것이며 "너의 노력으로 구원을 얻는 것처럼 열심히 일하라. 그렇게 한 다음에, 주님께 네 전부를 맡겨라"고 한다.

'5장 낙심을 극복한 믿음의 기도'에서는 주님이 다시 오실 때 믿음을 찾으신다는 사실을 상기시킨다. 믿음을 찾으시는 이유는 그분이 믿음의 참대상이시기 때문이고, 믿음을 통해 이 땅에 처음 오신 위대한 목적이 실현되기 때문이다. 주님께서 다시 오셔서 믿음을 찾으실 때, 우리를 가장 잘 이해하는 분으로 오실 것이다. 그분이야말로 시험을 견딘 믿음, (우리가) 자기 자신을 부인한 믿음, 오래 견딘 믿음의 진정한 가치를 아신다. 그저 믿는 척하는 사람과 진정으로 믿는 사람을 구별하실 것이다.

믿음이 강할 때는 다른 모든 은혜도 활기가 넘친다. 뿌리가 영양분을 충분히 섭취하면 가지는 많은 열매를 맺는다. 믿음이 건강할 때는 모든 영적인 면에 활기가 넘친다. 그러나 현실에서는 바라는 만큼 모든 것이 이뤄지지 않기 때문에 점점 지쳐가기 쉽다. 주님께서 다시 오셔서 우리가 차지도 덥지도 않은 것을 보신다면 진정 큰일이다.

저자는 하나님의 진리에 우리의 모든 것을 걸라고 말한다.

"믿으려면 확실하게 믿어라! 하나님께 대한 거룩한 확신의 바다 속으로 뛰어들어라. 마음속으로도 믿고 당당히 드러내놓고도 믿자. 조금도 주저하지 말고 아무것도 제한하지 말고 믿자. 하나님과 함께 하늘의 일에 동참하기를 소원하자."

'6장 세상에서 가장 짧은 기도'는 마태복음 14장 30절(주여, 나를 구원하소서)을 바탕으로 한 설교다.

베드로가 이 기도를 드린 곳은 공적인 예배 장소도, 평소 개인적으로 기도하던 곳도 아니었다. 그는 물에 빠져 들어가는 바로 그 순간 기도했다. 정말 위급한 상황에서 "주여, 나를 구원하소서"라고 부르짖었다. 기독교인은 세상 어느 곳에서도 하나님께 기도할 수 있다. 하나님의 은혜 안에서 더욱 성숙한 성도일수록 어떤 상황이나 조건 속에서만 기도하는 것이 아니라 모든 일에 대해 하나님께 기도한다.

베드로가 드린 짧은 기도는 꾸밈없는 기도, 진심을 담은 기도다. 우리도 그렇게 기도해야 한다.

"정말 마음에 있는 그대로를 말하라. 흐느끼거나 점잔 빼거나 또는 읊조리는 말투로 기도하지 말라. 최대한 간결하고 자연스럽게 여러분의 영혼을 쏟아내라. 베드로는 너무나 위급한 상황이었기 때문에 그 어떤 화려한 언어도 사용할 수 없었다! 그는 너무도 절박한 상황이었기 때문에 어떻게 기도를 해야 할까 궁리하지도 않았다. 그는 영혼의 절박한 소원을 가장 간결하게 표현했을 뿐이다."

베드로는 이 기도를 통해 필요한 모든 것을 얻을 수 있었고 평생 이와 같은 기도를 계속할 수 있었다. 베드로에게 이 기도가 유용했던 것처럼, 우리 각자에게도 이 기도는 매우 유용하다.

'7장 주님과 연합된 기도'는 '너희가 내 안에 거하고 내 말이 너희 안에 거하면 무엇이든지 원하는 대로 구하라. 그리하면 이루리라(요한복음 15장 7절)'는 말씀을 중심으로 기도를 설명하고 있다.

주님은 우선 우리가 주님과 관계가 끊어지면 아무것도 할 수 없다고 경고하셨다. 그다음에는 어떤 일들이 제자들에게 일어나게 될 것인지를 말씀하신다.

주님과 연합하여 함께 거할 때 나타나는 첫 번째 결과는 우리가 기도한 것이다. 주님에게 떨어져 있는 사람들은 기도하지 않는다. 친교가 일시 중지된 사람들도 기도하기가 어렵다.

기도는 예수님과 연합된 영혼의 자연적인 분출이다. 가지가 포도나무 줄기에 붙어 있기만 하면 자연스럽게 열매가 맺히는 것처럼, 예수님 안에 있는 영혼은 자연스럽게 기도의 꽃을 피우고 열매를 맺게 된다. 그 영혼은 의무감 때문에 기도하지 않는다. 기도는 습관이요, 제2의 본성이기 때문이다.

예수님 안에 있는 영혼은 하루를 기도로 시작한다. 하루 종일 기도 가운데 살며, 밤에는 기도하다가 잠이 든다. 습관적인 기도는 그리스도 안에 거할 때 가능하다.

우리가 주님 안에 거할 때 얻게 되는 또 다른 열매는 기도의 자유를 누리는 것이다. 주님과 연합하여 거하는 사람은 언제나 기도할 수 있는 자유로움이 있다.

총 7장으로 구성된 이 책에 나온 기도 지침은 낙심하는 영혼에게는 한없는 격려와 용기를 주고, 기도의 맛을 알아가는 이들에게는 새로운 돌파구를 열어준다.

**더 읽어볼 책** ·········································································

- 『리처드 포스터 기도』 **리처드 포스터** 지음 | **두란노**
- 『오 할레스비 기도』 **오 할레스비** 지음 | **생명의말씀사**
- 『기도의 권능을 받는 법』 **R. A. 토레이** 지음 | **규장**
- 『사귐의 기도』 **김영봉** 지음 | **IVP**
- 『한국 교회가 잃어버린 주기도문』 **김형국** 지음 | **죠이선교회**

# 4장
## 노아처럼 인내해야 할 때

미국의 정치가이며 사회개혁가인 벤저민 프랭클린은 "인내를 가진 사람이라면 바라는 것은 무엇이든 손에 넣을 수 있다"라고 했다.

역사는 역경과 고난 가운데 끝까지 인내한 사람들을 보여준다. 역경이 큰 인물을 만들어낸다는 말은 이런 면에서 의미가 있다.

인권운동가 마틴 루터 킹은 "어떠한 일이든지 참아내는 사람은 무슨 일이라도 해낼 수 있다"라고 말했다. 시련의 구름 위에 희망의 태양이 있다는 말이 있다. 고난의 때에 어둠의 터널을 통과하며 인내하는 사람은 결국 승리자가 된다.

역대 마라톤 선수 중 세계적으로 가장 유명한 사람들 중에 에티오피아 출신의 '맨발의 마라토너' 아베베가 있다.

1960년 로마올림픽에서 에티오피아 국기를 달고 한때 적국이었던 로마를 맨발로 달려 영광의 금메달을 획득했던 그는 그다음 올림픽인 1964년 동경올림픽에서도 2시간 12분 11초 2라는 당시 세계 최고 기록으로 또다시 금메달을 거머쥐고 대망의 올림픽 마라톤 2연패를 달성했다.

올림픽 2연패를 달성해서, 세계기록을 세워서 아베베를 역사가 기억하는 것이 아니다. 어떠한 상황에서도 희망을 놓지 않는 불굴의 정신을 가졌기 때문이다.

그의 화려한 경력은 우연한 사고로 중단되고 만다. 빗길에 교통사고를 당하면서 장애인이 된 것이다. 장애인이 된 그의 좌절감과 실망은 그 어떤 말로도 표현할 수 없을 정도였다. 그러나 아베베는 휠체어에 앉아만 있는 장애인 생활을 거부했다. 두 다리를 사용할 수 없는 절망적인 상황에서도 포기하지 않고 다시 새로운 희망을 향해 달리기 시작했다.

"두 다리를 잃었지만 내겐 아직 건강한 두 팔이 있다"며 스스로를 격려한 그는 국내외에서 치료를 병행하며 부지런히 팔의 힘을 단련했다.

희망을 잃지 않은 노력은 결실을 맺어 1970년 노르웨이 25킬로미터 휠체어 눈썰매크로스컨트리대회에서 금메달을, 10킬로미터 레이스에서 특별상을 받았다. 그 후에도 각종 대회에 참가하며 많은 사람에게 꿈과 희망을 전하는 메신저 역할을 했다.

성공한 사람들은 수많은 실패를 경험했지만 불굴의 인내로 성공의 달콤함을 맛본 사람들이다. 사람에게는 누구나 다른 사람이 대신할 수 없는 그만의 어려움이 있다. 성경에 따르면 하나님께서는 감당하지 못할 어려움을 주시지 않는다.

'사람이 감당할 시험 밖에는 너희가 당한 것이 없나니 오직 하나님은 미쁘사 너희가 감당하지 못할 시험 당함을 허락하지 아니하시고 시험 당할 즈음에 또한 피할 길을 내사 너희로 능히 감당하게 하시느니라(고린도전서 10장 13절).'

시련의 구름 위에 떠 있는 태양을 바라볼 수 있는 사람은 어떤 상황에서도 결코 절망하지 않고 인내의 열매를 맺을 수 있다. 끝까지 참고 견디며 희망을 꿈꾸는 사람만이 그 희망의 주인이 된다.

기독교인은 노아처럼 하나님의 때를 기다리며 인내해야 할 때가 있다. 히브리서 기자는 노아에 관해 이렇게 기록하고 있다.

'믿음으로 노아는 아직 보이지 않는 일에 경고하심을 받아 경외함으로 방주를 준비하여 그 집을 구원하였으니, 이로 말미암아 세상을 정죄하고 믿음을 따르는 의의 상속자가 되었느니라(히브리서 11장 7절).'

노아는 믿음으로 기다리고 준비하고 인내했다. 노아의 순종에는 많은 인내가 필요했다. 학자들의 연구에 따르면 노아가 방주를 지은 기간은 정확히 알 수 없다. 그러나 분명한 것은 수십 년에 걸쳐서 방주를 지었다는 사실이다. 적어도 90년 정도의 기간이 걸렸다고 볼 수 있다. 그렇다면 노아의 일생은 거의 방주를 짓는 일이었다. 수십 년 동안 세상 사람들의 온갖 조롱과 핍박이 있었지만 노아는 개의치 않고 묵묵히 인내하며 방주를 지었다.

교회사에는 노아처럼 인내의 본을 보여준 인물이 많다. 예를 들면, 존 파이퍼는 『인내의 영웅들』에서 탁월한 인내의 사람들로 존 뉴턴, 찰스 시미언, 윌리엄 윌버포스를 소개하고 있다. 그들은 세상의 모든 영역에서 하나님의 거룩과 정의가 이루어지는데 평생을 헌신했다. 이 세 사람의 증인은 인내를 통해 우리로 하여금 예수 그리스도를 바라보게 한다. 그리스도의 영광을 위하여 끝까지 인내로 경주하는 이들의 삶은 우리에게 구원받은 참성도에게 필요한 믿음의 태도를 가르쳐준다.

# 끝까지 인내한 믿음의 용사들

『인내의 영웅들』
**존 파이퍼** 지음 | **부흥과개혁사**

이 책은 존 뉴턴, 찰스 시미언, 윌리엄 윌버포스가 인내의 영웅으로서 우리에게 주는 교훈을 담고 있다. 이 세 사람에게서 우리는 많은 신앙적 가르침을 배울 수 있다.

1장에서는 온유한 영성의 인물 존 뉴턴을 소개하고 있다. 「나 같은 죄인 살리신(Amazing Grace)」의 작사자로도 유명하다.

존 뉴턴은 1725년 7월 24일 런던에서 불신자인 아버지와 경건한 어머니 슬하에서 태어났다. 어머니는 경건한 회중교회 교인으로 외아들인 그에게 웨스트민스터 소요리문답과 '영국 찬송가의 아버지' 아이작 왓츠의 찬송가를 가르쳤다. 그러나 안타깝게도 존의 나이 여섯 살 때에 숨을 거두었다.

존 뉴턴은 『자서전(Out of the Depths)』에서 어른이 될 때까지 받았던 교육이라고는 여덟 살 때부터 열 살 때까지 단 2년 동안 해드퍼드의 어느 기숙학교에 다닌 것이 전부라고 밝혔다. 주로 독학으로 공부했고 이런 사정은 평생 동안 달라지지 않았다.

열한 살 때 그는 아버지와 함께 먼 바다로 항해하기 시작했고 열여덟 살이 되기 전에 지중해로 다섯 차례 항해를 했다. 자신과 아버지와의 관계에 대해 이렇게 기록했다.

'아버지는 나를 사랑하셨다고 확신한다. 하지만 아버지는 그 사실을 내가 알기 원하지 않으셨던 것 같다. 아버지와 함께 있을 때 나는 늘 두려움과 구속감을 느꼈다. 아버지의 엄격한 태도는 나의 영혼을 위압하고 짓눌렀다.'

존 뉴턴은 열일곱 살 때 메리 케틀렛을 만나 사랑에 빠졌고, 스물네 살이 되던 해에 결혼했다. 1790년에 메리가 눈을 감을 때까지 40년간 해로했다. 아내에게 썼던 편지들을 모아 책으로 내는 등 아내에 대한 사랑은 사별 이후에도 각별했다.

그에게 1748년 3월 21일은 특별한 날이었다. 북대서양에서 영국으로 항해하던 길에 하나님께서 그를 구원하고 역사하신 날이기 때문이었다.

그날 밤, 그는 격렬한 폭풍으로 인해 잠에서 깼는데 선실에 바닻물이 들어오기 시작했다. 갑판 위의 선원은 순식간에 폭풍에 휩쓸려 사라졌다. 그는 펌프로 물을 빼내며 혼잣말로 말했다.

"펌프로도 안 되면 하나님이 우리에게 자비를 베푸시겠지."

그는 그때 처음으로 하나님의 자비가 필요함을 고백했다.

남은 항해 기간을 진지한 자세로 성경을 읽고 기도하며 보냈다. 그 기간 동안 하나님이 행하신 일을 다음과 같이 묘사했다.

'내게는 전능하신 구주가 필요했다. 그리고 나는 그런 분이 신약성경에 묘사되어 있는 것을 발견했다. 지금까지 주님은 놀라운 일을 행하셨다. 나는 더 이상 불신자가 아니었다. 진심으로 이전의 불경건함을 버렸고 바른 생각을 품게 되었다. 허송세월한 과거를 안타깝게 여겼고 즉시 삶의 개혁을 목표로 삼았다. 그리고 내 안에 제2의 천성처럼 깊이 뿌리 박혀 있는 듯 보였던 욕하는 버릇에서 상당히 자유로워졌다. 이처럼 나는 어느 모로 보나 새사람이 되었다.'

그때 이후 6년간 그에게 조언을 줄 기독교인 친구나 신실한 목회자가 한 명도 없었다. 그는 노예무역선의 선장이 되어 1749년 12월까지 다시 바다로 나갔다. 그러나 성숙해진 이후 노예무역에 동참한 일에 대해 강한 죄책감을 느끼게 되었고 윌리엄 윌버포스와 힘을 합쳐 노예무역에 반대했다.

바다를 떠난 지 30년 뒤, 그는 '아프리카 노예무역에 대한 생각'이라는 글을 썼는데 이 글은 '아프리카 노예무역은 사악하고, 잔인하며, 억압적이고, 파괴적인 무역'이라는 지적으로 끝을 맺는다.

바다를 떠난 뒤 올니에서 교구목사가 되기 전까지 조석(潮汐) 측량기사생활을 하면서 매우 적극적으로 교회를 섬기는 평신도가 되었다. 존 뉴턴은 대각성운동과 관련된 국교회(영국 성공회) 출신 및 독립 교회 출신의 복음주의자들과 폭넓게 교분을 쌓았다. 또 독학으로 헬라어, 히브리어, 아람어 공부에 매진했다.

"조만간 그리스도께서 나를 사역자로 부르실지 모른다는 약간의 소망을 품었다. 내가 원어 성경을 연구하도록 결심하게 한 것은 이러한 소망에 대한 어렴풋한 소망이었다고 생각한다."

존 뉴턴은 라틴어, 영어, 프랑스어로 된 탁월한 신학서적들을 읽었고 1760년대 초반에 이르러 신학적 체계가 완성되었다. 1764년에 올니 교구의 교구목사직을 받아들여 거의 16년간 그곳의 교회를 섬겼다. 그 뒤로 54세에 세인트 메리 울노스 교회의 청빙을 받아 27년 동안 목회를 했다.

그는 자신의 연약함과 무가치함을 믿고 실감하며 하나님의 은혜와 용서하시는 사랑을 힘입어 살았다. 그에게는 몸에 밴 온유함과 영혼의 부드러움이 있었고 길 잃은 영혼과 어린아이들을 사랑했다. 특히 그의 온유함은 인내심과 통찰력을 함께 갖춘 것이다. 그는 반대하는 사람들을 하나님께 기도로 맡겼다. 논쟁에서 이기는 것보다 사람들의 유익을 위해 진리로 영향을 끼치는 일에 관심을 더 가졌다. 사역의 방식은 끈기 있고 다정다감하며 논쟁적이지 않았다.

2장에서는 찰스 시미언을 소개한다. 1759년 9월 24일에 태어난 그의 아버지는 부유한 변호사였으나 신자는 아니었다. 어머니에 대해서는 알려진 바가 전혀 없다.

그는 영국 최고의 기숙학교인 이튼 칼리지를 다니는 12년 동안 성경 외에 알게 된 신앙서적은 17세기의 경건서적 『인간의 모든 의무(Whole Duty Of Man)』 밖에 없었다.

하나님께서는 그가 케임브리지 대학교의 킹스 칼리지로 진학한 후 어둠에서 빛으로 인도하셨다. 찰스 시미언은 부활절 성찬식을 통해 큰 은혜를 받았고, 후에 영국 국교회의 부제로 임명되었다. 나중에는 트리니티 교회의 교구 목사로 부름을 받았다.

그는 하나님의 일을 더 잘 하기 위해 독신생활을 선택했다. 트리니티 교회에 머문 54년 동안 영국 국교회에서 복음주의를 대표하는 유력인사가 되었다.

하지만 목회 초기 12년 동안에는 다른 목사를 청빙하기 원했던 일부 교인들의 반대가 너무 심했다. 교회의 기득권 신자들은 예배당 좌석을 폐쇄하고 예배 참석도 하지 않았으며 찰스 시미언에게 설교할 수 있는 최소한의 예배 공간만 허락했다. 찰스 시미언은 매우 불편한 환경에서 설교했다.

그 후 교인들 가운데 반대파가 또다시 생겨나 평지풍파를 일으켰을 때 한 친구에게 다음과 같이 편지를 보냈다.

'전에는 태평양을 항해했는데, 이제는 여울과 암초로 가득한 홍해를 항해하는 법을 배우고 있다네.'

어느 날 오후, 친구 조지프 거니는 찰스 시미언에게 그 49년간의 오랜 목회 기간 동안 쏟아진 모진 핍박과 온갖 편견을 어떻게 극복하고 견뎌 냈느냐고 물었다.

"사랑하는 형제여, 우리는 그리스도를 위해 사고나 고난을 염려하지 말아야 합니다. 우리의 거룩한 머리이신 주님은 모든 고난을 극복하시고 죽음도 이겨 내셨다는 사실을 기억하고 즐거워합니다. 끈기 있게 주님을 따릅시다. 우리는 곧 그분의 승리에 동참하게 될 겁니다."

윌리엄 윌버포스는 자신의 일기에 이렇게 기록했다.

'찰스 시미언과 함께 시간을 보내다. 그의 마음은 그리스도에 대한 사랑으로 빛난다. 그는 얼마나 사랑과 다른 사람의 유익을 증진시키려는 소망으로 충만한가. 오! 그가 그리스도를 본받는 것처럼 나도 그를 본받았으면….'

찰스 시미언은 생활방식과 재물에 대해서는 비판자들에게 공격의 빌미를 전혀 주지 않았다. 그는 대학 내의 자기 방에서 독신으로 살았고 수입에서 남은 돈은 전부 지역사회의 가난한 사람들에게 줬다. 부유했던 형의 유산도 사양했다. 한 해에 50파운드 이상으로 지출을 늘려본 적이 없었다. 돈에 대한 고상한 초연함을 지닌 것이다. 오랜 기간 동안 교인들과 갈등이 있었을 때 다음과 같이 말했다.

"이런 상황에서 믿음과 인내 외에는 어떤 해결책도 알지 못했다. 내 마음을 복종시키고 다스린 성경 구절은 '주의 종은 마땅히 다투지 아니하고(디모데후서 2장 24절)'였다."

찰스 시미언은 겨울에도 매일 아침 새벽 네 시만 되면 어김없이 일어나 등불을 켠 뒤 하루의 처음 네 시간을 기도와 성경공부에 바쳤다. 여기에 그의 위대한 은혜와 영적인 능력의 비결이 있었다. 그는 성경에서 가르침을 얻었고 그 모든 시련에 대한 위로를 얻으면서 매일의 사역을 위해 준비했다.

기독교인이 된 지 40년 뒤에 찰스 시미언은 이렇게 말했다.

"지난 40년 동안 내가 늘 보기를 소망했던 것은 단 두 가지뿐이다. 하나는 나 자신의 사악함이고, 다른 하나는 예수 그리스도의 얼굴에 있는 하나님의 영광이다."

트리니티 교회에서 사역한 지 50년째 되는 날에 지난날의 많은 성과를 되돌아보며 이렇게 말했다.

"나는 부끄러움의 골짜기를 사랑합니다. 거기서는 내가 있어야 할 곳에 있다는 느낌이 듭니다."

이는 참으로 아름다운 기독교인의 고백이다. 복음적인 부끄러움이 찰스 시미언에게는 행복이었다. 인생의 마지막 순간까지 용서와 인내의 뿌리를 하나님의 중심성에 맞췄다.

"기독교인이 배워야 할 교훈은 오직 두 가지다. 하나는 모든 것 안에서 하나님을 기뻐하는 것이고, 다른 하나는 하나님 안에서 모든 것을 기뻐하는 것이다."

바로 이 기쁨이 찰스 시미언으로 하여금 믿음의 경주를 인내로 온전히 마치고 의의 면류관을 얻게 했다.

3장은 복음주의자이자 정치가인 윌리엄 윌버포스를 소개한다. 기독교 신앙을 철저하게 실천한 '하나님의 정치인'인 그는 아프리카 노예무역과 노예제 자체가 영국에서 모두 불법이 될 때까지 평생 노력했다. 그는 21세 때부터 74세에 이르기까지 의회 선거에서 한 번도 진 적이 없지만 그의 노예무역 폐지운동은 1807년에 법이 통과할 때까지 무려 열한 번이나 좌절되었다.

월버포스는 1759년 8월 24일에 잉글랜드에서 태어났다. 부친은 그가 아홉 살이 되기 직전에 세상을 떠났다. 월버포스는 어린 시절 조지 휫필드, 존 웨슬리, 그리고 존 뉴턴을 존경했다.

그는 21세 때인 1780년에 재미 삼아 고향에서 하원의원으로 출마했는데 놀라운 연설의 재능으로 두 경쟁자를 이겼다. 그의 친구이자 나중에 영국 수장이 된 윌리엄 피트는 "내가 아는 사람들 중에 월버포스가 가장 위대한 선천적 언변을 갖고 있다"고 말했다.

1787년 10월 28일, 28세 젊은 하원의원 윌리엄 월버포스는 하나님이 주신 두 가지 소명을 자신의 일기장에 이렇게 썼다.

'전능하신 하나님께서는 내 앞에 두 가지의 큰 목표를 두셨다. 하나는 노예무역 폐지, 다른 하나는 관습 개혁이다.'

결혼한 지 한참 뒤에 그는 이렇게 썼다.

'꼼꼼한 관리를 통해 적어도 내 수입 4분의 1 이상은 가난한 이들에게 줄 수 있어야 한다.'

결혼하기 전에는 수입 4분의 1이 훨씬 넘는 돈을, 어느 해에는 사실상 자신이 번 돈보다 3천 파운드나 더 많은 돈을 구제에 썼다고 그의 자식들이 말하기도 했다.

윌리엄 윌버포스는 하루에 거의 9시간 내지 10시간을 공부하며 보냈다. 특히 성경은 가장 사랑하는 책이 되었고 많은 구절을 암송했다.

1787년 성탄절 직후, 그는 다음 회기 초에 노예무역 폐지를 위한 동의안을 제출하겠다고 하원에 통보했다. 그리고 20년이 흘러서야 비로소 하원과 상원을 움직여 노예무역 폐지를 법으로 규정할 수 있었다. 1789년 5월에 하원의원들에게 자신이 어떻게 그런 확신에 이르렀는지를 설명했다.

"이 악행의 죄악성은 너무 엄청나고 너무 무시무시하며 너무 돌이킬 수 없이 보여서 이 제도를 폐지하기로 완전히 마음먹었습니다. 결과가 어떻게 되든 이 제도의 폐지를 이룰 때까지 결코 쉬지 않기로 결심했습니다."

그는 영국해외성서협회, 교회선교사협회, 주일성수촉진협회를 강력하게 후원했을 뿐만 아니라 정치인으로서 전도까지 실천으로 옮겼다. 불신자 동료의원들을 인도하려고 애쓰며 우정의 관계를 지속했다.

사람들은 윌리엄 윌버포스를 굴복과는 너무 멀어서 공격을 받을수록 더욱 강해지는 사람이라고 평가했다. 그는 단거리 선수의 자세가 아니라 마라톤 선수의 자세를 가져야 목표를 이룰 수 있다는 사실을 알고 있었다.

실제로 눈이 나빴고 궤양성 대장염과 폐질환으로 고생했으며 등뼈가 휘어지는 증상도 심했다. 이와 같은 괴로움과 장애물 속에서 그가 갖고 있는 인내의 뿌리는 무엇이었을까?

저자 존 파이퍼는 천진난만하고 아이들을 사랑하며 그리스도 안에서 자신을 잊어버리는 기쁨이라고 결론내렸다. 윌리엄 윌버포스의 생애에서 이 점을 보여주는 증언과 증거는 많다. 그에게는 구주의 공로에 대한 전적인 신뢰와 하나님, 사람에 대한 사랑에서 솟아나오는 기쁨이 있었다. 그의 기쁨은 사람들에게 강한 인상을 남겼다.

윌리엄 윌버포스, 그는 한 사람의 위대한 정치인이기 전에 철저한 기독교인이었다.

# 포기하고 싶은 유혹을 받는 이에게

『인내, 포기의 순간을 넘기는 것』
**빌 하이벨스** 지음 | IVP

"인내는 하나의 은사다. 내가 내일 아침에도 신자로 남아 있다면 그것은 최종적으로나 결정적으로 나의 의지 덕분이 아닌 하나님 덕분이다."

미국 복음주의기독교출판협의회가 선정하는 골드메달리언 상을 받은 존 파이퍼 목사의 말이다. 영국 웅변가 에드문드 버크는 "우리의 인내가 힘보다 더 많은 것을 성취할 것이다"라고 했다.

저자 빌 하이벨스는 먼저 이렇게 질문한다.

"당신의 삶에서 지난 십 년을 되돌아보면서 '그만두지 말고 계속 했더라면'하고 아쉽게 생각하는 것이 무엇인가?"

모든 남성이 죽을 때 후회하는 5가지가 있다고 한다. 내 뜻대로 살 걸, 일 좀 덜 할 걸, 화 좀 더 낼 걸, 친구들 챙길 걸, 도전하며 살 걸. 물론 기독교인이라면 다른 후회도 할 것이다.

어떤 이유에서든지 학업을 중도에 포기한 사람은 때때로 그 결정을 후회할지 모른다. 악기를 배울 기회를 놓친 사람, 다니던 직장을 그만둔 사람, 이혼을 결정한 사람은 '포기의 순간'을 돌아보며 착잡한 마음이 들 수 있다. 우리는 대부분 실패에 대해서는 될수록 생각하지 않으려는 경향이 있다고 저자는 말한다.

사람들은 왜 그렇게 쉽게 포기할까? 그 이유는 명백하다. 인내로 견디기보다 중도에 포기하는 것이 쉽기 때문이다.

그렇다면 기독교인은 왜 그렇게 쉽게 포기할까? 예수님을 따르다가 그만두는 것이 날마다 순종하는 힘든 과정을 겪는 것보다 쉽기 때문이다. 중도에 중단하는 것이 오래 참고 견디는 것보다 쉽기 때문이다. 그러나 우리는 경험으로 잘 알고 있다. 중도에 포기하면 비싼 대가를 지불하게 된다는 것을. 사람들도 포기의 대가를 호되게 치른 경험이 있지 않은가.

이 책에서 저자는 '일등상: 인내'라는 우화적 이야기 하나를 소개한다. 부활절 주간에 복권의 일등상으로 수억 원의 상금이 아닌 '인내'라는 인격적 자질을 내걸었다는 가정에서 이야기는 시작한다. 복권을 사는 사람은 평소보다 줄어들었지만 많은 사람이 복권을 산 뒤 결과를 기다렸다. 드디어 당첨 소식이 전해지는데, 마흔네 살의 백화점 점원이 '인내'라는 자질을 상으로 받았다. 얼마 지나지 않아 그는 잊힌 존재가 되었다.

그런데 10년 후에 만난 그는 뜻밖의 고백을 한다. 원래 그는 일이 힘들어지면 그냥 그만 두는 사람이었다. 하지만 '인내'를 상으로 받은 후, 십 년을 근속하면서 승진을 거듭했다. 야간학교에 다니면서 중퇴했던 고등학교 과정도 마쳤다. 위기를 맞이했던 결혼생활에서도 인내력을 발휘했고 지금은 아내와 행복하게 살게 되었다. 한마디로 그는 '인내' 때문에 성공한 사람이 되었고 행복한 인생을 살 수 있었다.

현대인은 자동화 시대, 인스턴트 시대에 살고 있다. 인내를 갖고 기다리는 덕목을 배울 기회가 없었다. '참는다'라는 말 자체가 부담스럽고, '인내'라는 덕목은 구시대의 가치로 여겼다.

우리는 시련에 대해 불평하기보다 오히려 하나님께 감사드려야 한다. 야고보는 이렇게 권면했다.

'시험을 참는 자는 복이 있나니, 이는 시련을 견디어 낸 자가 주께서 자기를 사랑하는 자들에게 약속하신 생명의 면류관을 얻을 것이기 때문이라(야고보서 1장 12절)'.

인내력은 인격이라는 무기고에 갖춰 놓을 수 있는 강력한 무기가 되기 때문에 인생의 길에서 매우 중요한 인격적 자질이다. 인내야말로 삶에 도전이 찾아왔을 때 필요한 자질이라고 저자는 역설하고 있다. 그러면 어떻게 인내력을 기를 수 있나? 그 답은 단순하다. 포기의 순간을 넘기는 것이다.

육상 경기를 해본 사람은 안다. 발바닥에 열이 나고 관절에 통증이 느껴진다. 숨이 차고 심장 박동 소리가 크게 들린다. 육체적 포기의 순간이 어느 시점에 찾아온다.

포기의 유혹을 받는 순간은 다양하다. 직장생활에서 심한 스트레스를 받는 사람은 사표를 내고 싶은 충동을 느낀다. 중년의 부부가 오랜 냉전 가운데 침묵의 시간을 보낼 때도 이런 순간이 찾아온다.

저자의 말에 의하면, 포기의 순간은 위기다. 하지만 중요한 기회도 된다. 포기의 순간은 훌륭한 인격으로 단련시킬 수 있는 기회다. 신앙생활에서도 마찬가지다. 영적 포기의 순간을 잘 넘기면 신앙의 성숙이 한 단계 올라가며 인내력을 기르게 된다. 신앙의 성장은 이와 같은 방식으로 이뤄진다. 야고보는 "참는 자는 복이 있다"고 했다. 끝까지 견디는 자는 구원을 얻는다(마태복음 24장 13절).

가장 극단적인 포기의 순간은 삶을 끝내려는 생각을 하는 때다. 그러나 자살은 해결책이 아니다. 하나님은 우리가 직면하고 있는 그 어떤 문제도 해결하실 수 있는 분이라고 저자는 말한다. 따라서 우리는 이렇게 기도해야 하지 않을까?

"하나님이 제게 힘을 주시라고 믿고 앞으로 나아가겠습니다. 이 포기의 순간을 몸 성히 넘길 힘을 주시리라 믿습니다."

예수님은 인내의 의미를 아시는 분이다. 십자가에 이르기까지 인내하셨다. 주님은 '그 앞에 있는 기쁨을 위하여' 십자가를 참으셨다(히브리서 12장 2절). 이를 통해 우리에게 구원의 선물이 주어진 것이다.

포기의 순간이 왔는가? 그렇다면, 고지에 다 왔다는 뜻이다. 그러므로 포기하지 말고 인내하라!

이 책은 우리 주변의 일상을 보여주는 삽화와 함께 적절한 비유를 들어 인내의 소중함을 소개하고 있다. 전도용이나 초신자 선물용으로 좋다.

# 렘브란트의 그림에서 영감을 얻다

『탕자의 귀향』
**헨리 나우웬** 지음 | **포이에마**

『탕자의 귀향』은 세계적으로 저명한 사제이자 교수인 헨리 나우웬의 대표작으로, 저자의 영적 삶의 궤적을 잘 보여주고 있다.

미국에서 신학과 심리학을 연구하고 30대부터 대학교에서 강의를 하던 헨리 나우웬은 1981년을 기점으로 큰 변화를 맞이한다. 그 무렵 그는 하나님의 사랑에 빚진 자로서 거룩한 부담감을 품고 페루의 빈민가로 떠나 민중들과 함께 지냈다. 이후 강단으로 돌아와 하버드 대학교에서 다시 학생들을 가르치지만 영혼의 안식을 찾지 못하다가, 1986년 새로운 부르심에 따라 장애인 공동체인 라르쉬 데이브레이크로 가서 심장마비로 소천하기까지 장애인들과 함께 살며 예수 그리스도를 따르는 삶을 행동으로 보여주었다.

헨리 나우웬은 누가복음 15장에 나오는 '되돌아온 탕자'의 비유를 화폭에 옮긴 렘브란트의 그림에서 영감을 얻어 이 책을 집필했다. 그는 1983년 친구의 사무실에서 렘브란트의 그림 포스터를 처음 보게 된다.

"눈을 뗄 수가 없었다. 두 사람 사이에 흐르는 뜨거운 친밀감, 붉은 망토의 온화한 톤, 소년의 겉옷에서 반사되는 황금빛, 그리고 양쪽을 한꺼번에 휘감고 있는 신비로운 광채에 빨려 들어가는 느낌이었다. 또한 그 웅장한 아름다움에 넋을 잃었다. 이 모든 것이 생각보다 훨씬 강렬하게 나를 사로잡았다.

렘브란트의 포옹은 그 어떤 정서적 지지의 일시적 표현보다도 훨씬 깊게 내 영혼에 각인되었다. 그것은 나를, 분주한 삶의 기복 밑바닥에 숨은 내 내면의 뭔가에 닿게 해주었다. 인간 영혼의 끊임없는 갈망, 즉 마지막 귀향, 확고부동한 안전감, 영원한 본향에 대한 갈망과도 같은 그 무엇에. 많은 사람 속에서 많은 문제에 얽혀 많은 장소에 모습을 드러내야 하는 바쁜 나, 탕자의 귀향은 그런 나를 떠나지 않았고 내 영적 생활에 갈수록 더 큰 의미로 다가왔다."

이후 러시아를 방문해서 원작을 본 얼마 후, 헨리 나우웬은 교수직을 사임하고 지금까지와는 전혀 다른 진로를 선택했다. 앞에서 말한 것처럼 장애인 공동체에 들어간 것이다.

작은아들의 방탕한 삶과 귀환, 큰아들의 깊은 상실감과 분노, 아버지의 용서와 환대로 이어지는 핵심적인 주제를 탐구했다. 성경적, 역사적, 심리적 맥락에서 작품을 분석한 그의 글은 모든 사람이 집으로 돌아가는 영적인 귀향길에 있음을 보여주는 한편, 아들의 자리에서 아버지의 위치로 나아갈 것을 제안한다. 결국 기독교인의 삶은 남루한 옷차림으로 무릎을 꿇고 있는 작은아들에게서 구부정하게 서 있는 아버지에게로, '축복을 받는 자리'에서 '은총을 베푸는 자리'로 나아가는 과정이라고 말하고 있다.

이 책은 그림에 등장하는 세 사람을 중심으로 구성되었다. 헨리 나우웬이 경험한 영적 여정의 단계들이기도 했다. 아버지의 품을 그리워하며 집으로 돌아가고 있는 작은아들에서 책임감을 갖고 착실하게 집을 지키고 있었던 큰아들로 넘어가는 단계에 오자 질투와 분노, 완고한 태도, 무엇보다 교묘한 독선에 사로잡혔던 자기 자신을 발견한다. 그러나 끝내 슬픔과 용서, 너그러운 마음으로 상징되는 인정 넘치는 '아버지'가 되어야 한다는 소명을 받아들이는 단계에까지 이른다.

사람들 대부분은 아버지의 집으로 돌아가는 것이 궁극적인 부르심이라고 생각하지만, 헨리 나우웬은 이보다 '더 큰 부르심'을 듣게 한다. 용서하고, 화해하며, 치유하고, 잔칫상을 내미는 두 손이 바로 우리의 손이어야 한다는 소명이다.

돌아온 자식들을 환영하며 잔치를 여는 아버지는 죄에 대해 깊이 슬퍼할 수 있을 때, 진정으로 용서할 수 있을 때, 너그러운 마음을 품게 될 때 가능한 것이라고 설득력 있게 들려준다. 헨리 나우웬은 여기까지 도달하지 못할 때 우리의 영적 여정은 종착점에 도착하지 못한 것이며 진정한 안식처도 찾지 못한 것이라고 말한다.

환한 빛이 흘러넘치는 아버지의 포옹은 하나님의 집을 상징한다. 세상의 모든 음악과 춤이 그 안에 다 있다. 큰아들은 사랑의 동심원 바깥에 머물며 빛 가운데로 들어오지 않는다. 큰아들의 얼굴에도 광선이 드리운 걸 보면 그 역시 광선의 영역으로 초대를 받았지만 완강히 거부하고 있음을 분명하게 보여준다.

이 이야기를 들은 이들은 궁금해한다. 큰아들은 결국 어떻게 됐을까? 간곡한 설득을 듣고 마음을 바꿨을까? 결국 집으로 들어가 잔치 자리에 앉지 않았을까? 아버지처럼 동생을 껴안고 잘 돌아왔다고 환영해주었을까? 자신도 용서받아야 할 죄인이라고 스스로 고백했을까? 동생보다 결코 나을 게 없다는 사실을 냉큼

받아들였을까?

렘브란트의 그림뿐만 아니라 비유 그 자체를 봐도 큰아들이 마침내 어떤 결정을 내렸는지 알 수 없다.

저자는 오랜 세월, 아버지의 집으로 돌아가는 게 궁극적인 부르심이라는 생각을 갖고 살았다. 내면에 자리 잡은 작은아들뿐만 아니라 큰아들까지 반갑게 맞아주는 아버지의 사랑을 받아들이게 만드는 데만 해도 영적으로 큰 수고가 필요했다. 이 비유에서 집에 돌아온 자식들을 환영하고 잔치를 여는 아버지가 되라는 소명을 발견했다.

이 책에서 그림에 등장하는 주요 인물뿐만 아니라 주변인들에 대한 관찰력, 각 인물들의 내면 심리 묘사, 아버지의 두 손이 서로 다르다는 것 등을 감지해내는 저자의 예민한 감각, 그리고 등장인물의 얼굴 표정, 자세, 옷의 색감, 공간에 대한 해석은 독자들에게 책에 내포된 새로운 의미의 세계를 열어준다. 나아가 모든 인간의 내면에서 벌어지는 '거대한 영적 전투'를 보게 하고, 팔을 활짝 벌리고 기다리시는 그분께 한 걸음씩 나아가는 '진짜 귀향'으로 초대한다.

집을 떠나 여전히 방황하고 있는 이들에게, 과감하게 귀향을 결심했지만 익숙한 길과 안전한 경로를 찾지 못해 어려워하며 아직 길 위에 있는 기독교인들에게 이 책은 넘치는 영감과 안전한 지침을 선사한다.

　저자 헨리 나우웬은 기독교인으로 산다는 것에 대한 고민과 성찰을 맑고 따뜻한 시각으로 풀어내고 있다. 복음주의 최고의 작가라는 찬사를 받는 필립 얀시는 이 책이 "자기 성찰의 내용이지만 묘하게 위로를 주는 책"이라고 말했다.

---

**더 읽어볼 책** ·····················································

- 『거룩한 전쟁』 **존 버니언** 지음 | **평단문화사**
- 『리더의 길』 **이철신** 지음 | **두란노**
- 『백인, 백번의 인내』 **이경윤** 지음 | **KIATS**
- 『인내, 연단 그리고 소망』 **베드로서원편집부** 지음 | **베드로서원**

# 5장

# 욥처럼 고난의 시간을
# 통과해야 할 때

"개인적인 타격이나 경제적 실패에 용기를 잃지 말라. 주저앉는 것보다 더 악한 상황은 더 이상 일어나지 못하는 것이다."

신학자이며 경영 컨설턴트인 헤르만 요셉 조혜의 말이다.

인생에는 순경(順境)과 역경(逆境)의 시간이 공존한다. 물론 사람들은 누구나 평안과 안락을 원한다. 하지만 현실에서는 예기치 않은 어려움과 고난의 시간을 맞이하는 경우가 더 많다.

욥은 가장 대표적인 고난의 사람이다. 그 상황이 너무나 극단적이고 심각해서 말로 표현하기 어려울 정도다. 하지만 욥은 결코 실패하지 않았다.

'욥이 일어나 겉옷을 찢고 머리털을 밀고 땅에 엎드려 예배하며 이르되 내가 모태에서 알몸으로 나왔사온즉 또한 알몸이 그리로 돌아가올지라. 주신 이도 여호와시요, 거두신 이도 여호와시오니 여호와의 이름이 찬송을 받으실지니이다 하고, 이 모든 일에 욥이 범죄하지 아니하고 하나님을 향하여 원망하지 아니하니라(욥기 1장 20절~22절).'

피에르 렌치니크 박사는 '고아가 세계를 주도한다'라는 논문을 발표했다. 인류 역사에 가장 큰 기여를 한 사람 300여 명을 분석해보니 고아가 60퍼센트 이상이라는 결과가 나왔다고 논문에서 밝혔다. 사실 어린 아이의 삶에서 부모의 상실만큼 커다란 시련은 없는데도 세계를 주도한 사람들 중 고아가 많았다는 것은 놀라운 사실이다.

이 놀라운 발견은 역경이 인물을 만들어낸다는 의미를 말한다. 역경을 돌파하다 보면, 얻게 되는 힘이 있다. 의사이자 정신의학자인 폴 투르니에는 "슬픔이 크면 클수록 그 슬픔이 만들어내는 창조적 에너지는 더욱 크다"라고 말했다. 이 말을 들으면 역경은 항상 파괴적이기만 한 것은 아님을 알 수 있다. 그러므로 역경이 나에게 고통을 주는 방해물이라고 생각하기보다 성장을 위해 꼭 겪어야 하는 성장통이라고 생각하면 적극적인 태도로 극복할 수 있다. 역경을 창조적 에너지로 바꿀 때 꿈과 비전을 현실로 만들 가능성이 높다. 그렇다면 어떻게 고난을 이겨낼 수 있나?

국제사회복지전문가이자 선교사로 아프리카 빈민들을 돌보고 있는 김해영 씨는 고난의 시간을 극복한 훌륭한 분이다. 사실 그녀의 출발은 남들과 매우 달랐다.

김해영 씨 삶의 출발은 비극의 연속이었다. 태어난 지 3일 만에 다쳐서 평생 척추장애인으로 살아야 했고 월급 3만 원의 입주 가사도우미로 지내기도 했다. 그러나 하나님의 섭리와 주변 신앙인의 인도로 신앙을 갖게 되면서 사회봉사로 눈을 돌린다. 미국 컬럼비아 대학교 국제사회복지대학원에서 석사학위를 받고, 국제사회복지사로서 아프리카 어린이들을 위해 헌신하고 있다. '2012년 국민훈장 목련장', '2012년 KBS 감동대상 희망상'을 수상했고, 2012년 환경재단 '세상을 밝게 만드는 사람들'에 선정됐다.

김해영 씨는 결핍과 고통이 하나님의 특별한 선물이었다고 말하면서 이렇게 고백하고 있다(『숨지 마, 네 인생이잖아』 중에서).

내 인생에 일어난 그 다행스러운 일.

이 세찬 세상 바람 앞에 서 있는 나를 하나님께서 만나 주셨다.

예수님이 친구가 되어 주셨다.

큰 바람막이가 되어 주셨다.

세상의 거칠고 치열한 바람이 부드러운 바람으로 바뀌었다.

세월이 지나면서 그 바람은 성령의 바람으로 바뀌었다.

나로 하여금 가장 자연스럽게 펄럭이도록 했다.

나는 더 이상, 이 세상 바람 때문에 상처받지 않는다.

더 이상 이 세상 바람이 나를 흩날리도록 하지 않는다.

나는 지금 이 세상에서 가장 자유롭게 휘날리고 있다.

134센티미터의 내 작은 키가 성령의 바람으로

가장 나답게 펄럭이고 있다.

나는 하나님으로 가슴이 펄럭이는 삶을 살아가고 있다.

그녀는 "인생에 닥친 '고난'은 하나님이 사람을 사람답게 만드시려고 세팅해 놓으신 선물"이라고 말한다. 고난은 저자에게 있어 인생의 최대 위기였지만 동시에 하늘 문을 여는 열쇠였다고 강조한다.

성공한 사람들은 수많은 고난과 실패를 통과했다. 반대로 말하면 실패의 쓴맛을 경험하지 않은 사람은 성공의 달콤함을 느낄 수 없다. 지금 무언가를 실패했다고 해도 그 실패에서 얻은 경험으로부터 교훈을 얻을 수 있다면 그 실패는 끝이 아니다. 넘어짐을 교훈 삼아 반드시 이길 수 있다는 굳은 의지를 갖고 포기하지 않으면서 끊임없이 노력할 때 밝은 미래가 펼쳐질 것이다.

하나님께서는 감당하지 못할 어려움을 주시지 않는다.

'사람이 감당할 시험 밖에는 너희가 당한 것이 없나니 오직 하나님은 미쁘사 너희가 감당하지 못할 시험 당함을 허락하지 아니하시고 시험 당할 즈음에 또한 피할 길을 내사 너희로 능히 감당하게 하시느니라(고린도전서 10장 13절).'

이 구절은 필자의 젊은 시절을 붙들어 준 말씀이다.

신학자 마르바 던은 한쪽 눈을 실명했고, 두 다리가 불편하다. 45년 동안 당뇨로 고생하고 있고 신장을 이식받은 후에는 하루에 약을 11번 먹는다. 그녀는 자신의 저서 『의미 없는 고난은 없다』에서, 고난을 당할 때 "하나님이 이 속에서 하고 계신 일은 무엇인가?"라고 묻는다고 했다.

고난은 보편적이다. 고난은 인류 역사가 시작한 때부터 오늘날에 이르기까지 누구에게나 닥치는 문제다. 고난은 인간사의 공통분모라고 말하는 사람도 있다. 고난에 예외가 없다는 사실을 직시해야 한다. 청교도 목사인 토마스 브룩스는 "우리의 최고선이 그리스도의 고난을 통해 오듯이 하나님이 성도들로부터 받는 최고의 영광은 성도들의 고난을 통해 온다"라고 말했다.

이번 장에서 소개하는 책들은 인내가 기독교인의 삶에 얼마나 중요한지를 가르쳐준다. 아울러 신앙생활에 필요한 또 다른 덕목들도 알려주고 있다.

# 하나님은 고난을 사용하신다

『고난의 능력』
**존 맥아더** 지음 | **요단출판사**

 

유명한 목회자이자 저술가인 존 맥아더는 이 책에서 기독교인이 겪는 아픔과 상처를 깊고 솔직하게 들여다본다.

'1. 고난과 하나님의 계획'에서 하나님은 우리에게 역경을 주시려고 허를 찌르시는 분이 아니라고 말한다. 예수님은 제자들에게 세상에서 겪을 역경과 고난을 경고하셨다.

'의를 위하여 박해를 받은 자는 복이 있나니 천국이 그들의 것임이라. 나로 말미암아 너희를 욕하고 박해하고 거짓으로 너희를 거슬러 모든 악한 말을 할 때에는 너희에게 복이 있나니 기뻐하고 즐거워하라. 하늘에서 너희의 상이 큼이라. 너희 전에 있던 선지자들도 이같이 박해하였느니라(마태복음 5장 10절~12절).'

주님은 믿는 자들을 세상이 미워하는 것을 지극히 당연하며 예상되는 일이라고 보셨다. 왜 세상이 기독교인들을 미워하는가? 책에서는 세 가지 이유로 말하고 있다.

첫째, 무엇보다도 기독교인들이 세상에 속하지 않기 때문이다. 우리는 세상의 주된 사상과 관습을 거스르고, 그릇된 것과 불의에 맞선다. 그러므로 성경의 명령에 순종하고 그 명령을 진지하게 받아들인다면, 우리를 향한 세상의 적대감과 박해에 놀라서는 안 된다.

둘째, 우리가 예수님을 대표하기 때문이다. 사실 우리는 이 이유를 행복하게 여겨야 한다. 우리가 주님을 대표해서 고난과 박해를 받는다면 그분의 고난에 참여하는 셈이다.

셋째, 사람들이 하나님을 알지 못하기 때문이다. '그러나 사람들이 내 이름으로 말미암아 이 모든 일을 너희에게 하리니, 이는 나를 보내신 이를 알지 못함이라(요한복음 15장 21절).'

진정한 기독교인이라면 고난과 박해를 당연히 예상해야 한다. 예수님은 우리가 세상에서 환난을 당하리라고 하셨다(요한복음 16장 33절).

저자 존 맥아더는 고난에서 얻는 교훈이 있다고 말한다. 기독교인이 겪는 모든 고난은 하나님의 주권적 계획의 일부라고 여기면 위로가 된다. 고난은 우리의 믿음을 키워주고 우리를 겸손하게 한다. 또한 타인의 처지를 공감하게 해준다.

바울은 고린도후서를 시작하면서 '우리의 모든 환난 중에서 우리를 위로하사 우리로 하여금 하나님께 받는 위로로써 모든 환난 중에 있는 자들을 능히 위로하게 하시는 이시로다(고린도후서 1장 4절)'라고 했다. 때로는 우리가 나중에 고난받는 사람들을 잘 돕게 하시려고 하나님께서 우리에게 시련과 고난을 허락하기도 하신다. 이와 같이 하나님께서는 다양한 이유와 목적으로 기독교인의 삶에 시련과 고난을 허락하신다.

'2. 믿음으로 고난을 이긴 성경의 인물들'에서는 믿음으로 고난을 이긴 성경의 인물들을 소개한다. 경건한 기독교인들은 성경에 나오는 위인들을 최고의 역할모델로 삼는다.

기독교의 첫 순교자 스데반은 초대교회가 중요한 전환기를 맞았을 때 더없이 중요한 역할을 했다. 그의 순교가 발단이 되어 기독교인들은 세계 곳곳으로 흩어져 그리스도의 증인이 되었다. 믿음과 성령, 은혜와 권능이 충만한 사람이었다. 사역 기간이 매우 짧았지만 믿음의 거장들과 어깨를 나란히 한다.

바벨론 포로로 끌려간 다니엘과 그의 세 친구들도 빼놓을 수 없다. 다니엘과 그의 친구들은 위기와 역경이 닥칠 때 어떻게 반응했는가? 이들은 바벨론 시절 초기에 절대적인 하나님의 법과 말씀을 굳게 붙들기로 결정했다. 이러한 결정을 통해 반석이신 하나님께 뿌리를 굳게 내렸기에 포로생활을 너끈히 견뎌냈다. 교육과정이나 개명(改名)을 거부하지는 않았으나 자신들에게 이교도의 생활방식을 덧입히려는 시도는 무엇이든 거부했다. 예를 들면, 우상에게 바친 음식은 먹지 않았다. 넘어서는 안 되고 넘지도 않을 경계선을 정확히 알았다.

다니엘과 친구들은 확신에 따라 일관되면서도 정중하게 행동했고, 느부갓네살 왕은 이들을 총애하고 존중했다. 이들은 내적 확신을 품고 일관되게 제자의 모습으로 살려고 노력한 모든 신자의 선구자이다. 세상에서 역경을 예상하며 살아가는 우리의 빼어난 역할모델이기도 하다.

다니엘은 세 친구의 멘토 역할을 했다. 나중에 의(義)를 싫어하고 시샘하는 모략꾼들의 희생물이 되었다. 다니엘 6장에 따르면 다니엘은 다른 총리들과 지방 장관들보다 훨씬 뛰어났다. 그래서 왕은 다니엘에게 온 나라를 다스리도록 맡길 생각이었다(다니엘 6장 3절).

대적들은 다니엘을 옭아매려고 작당을 시작했으나 전혀 꼬투리를 찾지 못했다.

'그들이 이르되 이 다니엘은 그 하나님의 율법에서 근거를 찾지 못하면 그를 고발할 수 없으리라 하고(다니엘 6장 5절).'

대적들이 다니엘에게서 찾은 흠이라고는 하나님께 온전히 충성하고 헌신한다는 사실뿐이었다.

다니엘을 옭아매려는 음모는 대적들이 새로운 포고령을 통과시키면서 절정에 이르렀다. 새로운 포고령이란 왕과 신들에 대한 충성심을 요구하는 내용이었다. 왕을 거의 신의 자리에 올려놓았고, 왕 외에는 그 어느 신에게 간구하지 못하도록 규정했다. 이를 어기는 자는 사형에 처했다. 물론 다니엘을 겨냥한 음모였다. 그러나 다니엘은 의연하게 하나님께 순종했고, 늘 하던 대로 기도했다.

'다니엘이 이 조서에 왕의 도장이 찍힌 것을 알고도 자기 집에 돌아가서는 윗방에 올라가 예루살렘으로 향한 창문을 열고 전에 하던 대로 하루 세 번씩 무릎을 꿇고 기도하며 그의 하나님께 감사하였더라(다니엘 6장 10절).'

다니엘은 혼자서 기도하고 예배하던 평소 형식을 조금도 바꾸지 않았다. 결국 다니엘이 기도하는 장면을 목격한 대적들은 왕에게 즉시 보고했다. 다니엘이 새로운 포고령을 어긴 사실이 온 천하에 드러났다. 성경에는 다니엘이 이 문제에 대해 말이나 행동으로 자신을 변호했다는 기록이 없다. 다니엘은 하나님을 굳게 신뢰했고 그분께 모든 것을 다 맡겼다.

다니엘 6장은 다리오 왕이 다니엘의 운명에 적극적인 관심을 표현했다고 말한다. 다리오 왕은 다니엘을 죽음으로 내몰고 싶지 않았지만 대적들의 압박에 굴복해 그를 사자 굴에 던졌다.

다니엘은 하나님께서 능력을 나타내 사자 굴에서 구해주실 때까지 한 마디도 하지 않았다. 모든 일이 하나님의 주권에 따라 진행되는 것을 믿고 의지했으며 그 결과는 하나님께 영광을 돌리는 신앙적 승리였다.

'이튿날에 왕이 새벽에 일어나 급히 사자 굴로 가서 다니엘이 든 굴에 가까이 이르러서 슬피 소리 질러 다니엘에게 묻되, 살아 계시는 하나님의 종 다니엘아 네가 항상 섬기는 네 하나님이 사자들에게서 능히 너를 구원하셨느냐 하니라. 다니엘이 왕에게 아뢰되 왕이여 원하건대 왕은 만수무강 하옵소서. 나의 하나님이 이미 그의 천사를 보내어 사자들의 입을 봉하셨으므로 사자들이 나를 상해하지 못하였사오니, 이는 나의 무죄함이 그 앞에 명백함이오며 또 왕이여 나는 왕에게도 해를 끼치지 아니하였나이다 하니라. 왕이 심히 기뻐서 명하여 다니엘을 굴에서 올리라 하매 그들이 다니엘을 굴에서 올린즉 그의 몸이 조금도 상하지

아니하였으니 이는 그가 자기의 하나님을 믿음이었더라(다니엘 6장 19절~23절).'

우리는 기독교의 첫 순교자 스데반과 이방 나라 바벨론에서 하나님을 섬기다가 사자 굴에서 구원받은 다니엘과 풀무불에서 살아나온 사드락과 메삭과 아벳느고가 섬겼던 바로 그 하나님을 섬긴다. 이들은 경건하게 살았고 좌로나 우로나 치우치지 않고 단호하게 하나님을 첫째 자리에 두었다. 그렇기에 이들은 자신들이 견뎌낸 시험과 고난에 잘 준비되어 있었다.

이외에도 고난에 대해 집중적으로 다룬 이 책은 풍성한 성경적 진리와 새로운 통찰력이 넘치며, 하나님께서 궁극적으로 고난을 어떻게 선하게 활용하시는지 보여주고 있다.

# 사탄의 전략을 폭로하다

『스크루테이프의 편지』
**C. S. 루이스** 지음 | **홍성사**

 

 

 

편지의 형식으로 악마에 대해 알기 쉽게 묘사하면서도 진지하게 다루고 있는 이 책은 악마의 유혹에 대한 최고의 통찰력을 보여주고 있다. 스크루테이프라는 악마가 조카인 웜우드에게 보낸 31통의 편지를 모은 이 책은 기독교인들을 유혹하고 신앙을 방해하면서 유혹과 거짓말, 환상과 속임수 등에 빠뜨리는 악마의 방법을 담고 있다. 진지하면서 재미있는 책으로, 악마의 본성과 흔들리는 인간의 모습들을 흥미 있게 다루고 있다.

이 책에서 원수는 하나님이고, 환자는 인간이며, 아버지는 악마의 왕 루시퍼의 구도로 되어 있다. 편지 형식으로 된 악마의 지령 가운데 일부를 살펴보면 다음과 같다.

- 사람들의 관심을 감각적인 것에 묶어둬라. 감각적인 것을 진정한 삶이라고 느끼게 만들어라. 진정한 것이 무엇을 의미하는지 묻지 못하게 하라. 사람들은 눈앞에 친숙한 것들이 있는 한 친숙하지 못한 것들의 존재를 믿지 못한다. 그로 하여금 계속 일상적인 일들을 절실하게 느끼게 만들어라. 교리나 진리 같은 근본적인 것을 생각하지 못하도록 세속적인 감각에 의존하도록 하라. 즉, 누군가 하나님께 가까이 가려고 하면 논증을 사용하여 방어하려 하지 말고 눈에 보이는 급한 일, 예를 들면 점심을 먹는 것과 같은 일로 일단 그의 생각의 흐름을 끊어라. 그가 점심을 먹으러 나간다면 네가 이미 싸움에서 승리한 것을 의미한다.
- 하나님에게 관심을 두지 않고 자기 자신에게 관심을 두게 하라. 인간의 마음이 원수를 향하지 못하게 하는 가장 효과적인 방법은 근심과 걱정이다. 원수는 자신이 행하는 일에 인간이 관심 갖기를 원한다. 네 환자(인간)가 현재의 두려움을 자신이 감당해야 할 십자가로 생각하지 않게 만들어야 한다. 관심을 자신의 내면에 집중시켜 하나님이나 이웃을 바라보지 못하게 하라.
- 작은 죄를 중시하라. 쓸데없는 호기심을 해결하려고 소일

하게 만들어라. 손가락으로 두드리고 발로 차면서 시간을 허송으로 보내게 하라. 좋아하지도 않는 노래를 부르게 하며, 길고 희미한 환상의 미궁 속에 빠지도록 하라. 목적을 달성하기만 한다면 도박도 살인이나 마찬가지다. 실제로 지옥에 이르는 가장 안전한 길은 완만하고 점진적인 길이다. 갑작스러운 모퉁이도 없고 이정표도 없고 표지판도 없는 완만하게 경사진 길이다.

- 편안하고 쉬운 예배를 원하며 이 교회, 저 교회를 섭렵하게 만들어라. 어떤 사람이 교회에 나가는 것을 막지 못했을 때 우리가 사용할 수 있는 방법은 그로 하여금 자기에게 맞는 교회를 찾아 이리저리 헤매게 하여 마침내 교회들을 맛보고 다니는 감식가가 되게 하는 것이다. 자기 취향에 맞는 교회를 찾아다니는 사람은 진리를 배우는 학생이 아니라 비평가가 된다. 어리석은 바보로 하여금 빨리 이웃에 있는 교회들을 순회하게 만들어라.


악마 스크루테이프는 인간의 심리에 있어서 전문가다. 조카인 웜우드에게 인간의 약점을 파고 들어가는 계략을 알려준다. 예를 들면, 사람들이 겉을 보고 상대방을 평가하게 만들라고 말한다. 초신자가 교인들의 옷차림, 찬송 부르는 법, 용모 등에 집중하게 만들어서 신앙의 뿌리를 깊이 내리지 못하게 방해하라는 말이다.

가정의 중요성을 알기에 가정을 공격의 주요 표적으로 삼는다. 가정에 불화를 일으키는 일이라면 어떤 일이라도 벌리라고 한다. 더 나아가 교인들 사이에서 갈등을 일으키고, 사소한 오해가 생기게 한다.

악마의 지속적이며 근본적인 계략 가운데 하나는 (앞에서도 나왔듯이) 인간이 하나님보다 자기 자신에게 관심을 두게 하는 것이다. 이를 위해 악마는 인간의 마음에 끊임없이 근심과 걱정이 생기게 한다. 또한 세속화의 전략으로, 독주와 음란한 말을 즐기게 하며 신을 모독하는 농담, 음탕한 웃음, 경박한 태도 등을 갖게 만든다.

이와 같이 이 책에서는 악마의 교묘하고 악한 계략이 스크루테이프의 입을 통해 폭로되고 있다. 저자 C. S. 루이스는 세계 복음주의에 가장 큰 영향을 끼친 저술가 중 한 사람이다. 이 책에서 저자는 유혹에 관한 탁월한 통찰력을 보여주고 영적 전쟁을 실감나게 느끼게 해준다.

# 균형 잡힌 신앙생활의 비밀

『No!라고 말할 줄 아는 그리스도인』
**헨리 클라우드 · 존 타운센드** 지음 | **좋은씨앗**

이 책은 건전하고 균형 잡힌 생활방식의 필수요소인 바운더리 (Boundaries, 경계)의 중요성을 이야기한다.

바운더리는 우리가 책임지고 있는 삶의 요소들을 명확하게 표시해주는 개인적인 영역 구분선으로, 우리가 무엇이며 무엇이 아닌지 규명해준다. 또한 우리 삶의 모든 영역에 영향을 미친다.

물리적 세계의 바운더리는 쉽게 구별할 수 있다. 울타리, 간판, 벽, 접근 금지 표시 등은 물리적인 바운더리들이다. 각각 특이한 모양과 형태를 갖고 있지만, 동일한 메시지를 전달한다.

'여기서부터는 내 구역입니다.'

물리적인 바운더리는 그 땅이 어떤 사람들에게 속해 있다는 가시적인 소유권을 나타낸다.

영적인 세계에서도 바운더리는 물리적인 세계 못지않게 실제적이지만 식별하기는 쉽지 않다. 그러나 우리의 마음을 지키고 보존하도록 도와주기 때문에 우리는 바운더리를 설정하고 항상 존재하는 실체로 인식하는 노력과 훈련을 해야 한다.

바운더리는 우리를 규정한다. 나는 무엇이고 내가 아닌 것은 무엇인지 명확하게 밝혀준다. 내가 무엇을 가져야 하고 어떤 책임을 져야 하는가에 대한 인식은 자유로움을 가져다준다.

성경은 우리의 제한된 범위가 어디까지이며 그 범위를 지키는 방법을 명확하게 일러준다. 하지만 종종 가족이나 과거의 인간관계 같은 요소들은 우리가 그 한계를 명확하게 인식하지 못하도록 혼란스럽게 만든다.

우리는 바운더리를 정확하게 이해하여 자신의 영역을 구분한 다음, 더욱 효율적으로 그 영역을 돌볼 수 있다. 바운더리는 우리가 전심으로 우리 마음을 지키도록 도와준다. 우리에게 유익한 요소들은 울타리 안에 담고, 해를 끼치는 것은 밖에서 들어오지 못하게 해야 한다. 즉, 바운더리가 좋은 것은 받아들이고 나쁜 것은 버리도록 도와준다.

바운더리 개념은 하나님의 성품에서 비롯되었다. 하나님께서는 자신을 명확하고 구별된 존재로 드러내며, 당신 자신에 대해 분명하게 책임지신다. 그분은 자신의 생각과 느낌과 계획, 허락하는 것과 허락하지 않는 것, 좋아하는 것과 좋아하지 않는 것 등을 우리에게 말씀하셔서 당신의 인격을 규정하고 그 인격에 대해 책임을 지신다. 또한 당신이 피조물과 우리 인간들로부터 구별된다는 사실을 분명하게 밝히셨다.

그분은 자신이 아닌 다른 것들로부터 당신을 차별화하신다. 예를 들어, 하나님께서는 당신 자신이 사랑이며 어두움이 아니라고 말씀하신다(요한일서 1장 5절, 4장 16절).

하나님께서는 삼위일체 속에서도 바운더리를 지니고 계신다. 성부, 성자, 성령은 하나지만, 동시에 자신만의 바운더리를 가지고 구별되도록 존재하신다.

정신적 바운더리는 자신의 생각과 의견을 소유하는 자유를 부여해준다. 감정적 바운더리는 우리가 감정을 제대로 다룰 수 있도록 도와주며 유해하고 교묘한 다른 사람들의 감정으로부터 벗어나도록 이끌어준다.

영적인 바운더리는 하나님의 뜻과 우리의 의지를 구분할 수 있게 해주고 창조주에 대한 경외심을 새롭게 환기해준다. 신체적 바운더리는 우리가 누구와 접촉할 것인지, 어떤 상황 아래 처하게 될 것인지 결정하도록 도와준다.

가장 기본적인 바운더리를 세우는 단어는 '아니오(No)'다. 그 말을 통해 다른 사람들은 우리가 구별되는 사람이며 스스로를 관리하고 있다고 생각하게 된다. 태도를 명확하게 하는 것 ― '예'와 '아니오' ― 은 성경 전체에 걸쳐 흐르는 주제이기도 하다 (마태복음 5장 37절, 야고보서 5장 12절).

'아니요'는 반대하는 말이다. 성경은 우리가 사랑하는 사람들에게 '아니오'라고 말할 수 있어야 한다고 가르친다. 남용과 오용의 명확한 한계를 설정하는 데 중요한 역할을 하기 때문이다.

성경의 여러 구절은 사람들의 잘못된 태도에 대해 '안 돼'라고 말하라고 권고한다(마태복음 18장 15절~20절). 하나님께서도 '나는 이를 좋아하고 저를 싫어한다', '나는 이런 일을 하고 저런 일을 하지 않을 것이다'라고 분명하게 말씀하셨다.

저자는 바운더리에 대한 일반적인 통념들을 다음과 같이 열거하면서 어떤 통념들이 우리를 얽어매고 유혹하는지 기도하는 마음으로 살펴보라고 말한다.


1. 바운더리를 세우는 것은 너무 이기적인 행동이다.
2. 바운더리는 불순종의 표시다.

3. 바운더리를 설정하기 시작하면 다른 사람들에게 상처를 받을 것이다.

4. 바운더리를 설정하면 다른 사람들에게 상처를 입힌다.

5. 바운더리는 화가 났다는 것을 의미한다.

6. 다른 사람들이 바운더리를 설정하면 내게 해가 된다.

7. 바운더리는 죄책감을 불러일으킨다.

8. 바운더리는 영구적이다.


이 책은 바운더리의 충돌도 다룬다. 즉, 가족, 친구, 배우자, 자녀 양육, 직업, 자아, 그리고 하나님과의 관계 속에서의 바운더리 문제를 깊이 있게 다루고 있다.

우리는 이 모든 것에서 각자의 바운더리, 즉 자신의 영역을 갖고 있다. 하나님께서는 우리의 바운더리를 존중하신다. 그분은 우리(인간)가 할 수 있는 일은 우리에게 맡겨 놓으셨고 우리의 거부 반응을 존중하셔서 선택의 기회를 주신다. 따라서 우리도 하나님의 바운더리를 존중해야 하며 하나님께 솔직해야 한다. 하나님께서는 우리 '중심'의 진실함을 원하시고 당신과 진정한 관계를 맺고자 하는 사람들을 찾고 계신다. 우리가 자신의 바운더리 안에 있는 것들을 인정하고 밖으로 드러낼 때, 하나님께서는 사랑으로 우리를 변화시켜 주신다.

　이 책은 기독교인이 자신의 삶을 잘 통제할 수 있도록 도와주며, 기독교인의 정체성을 지키면서 지혜롭고 용기 있게 '아니요'라고 말할 수 있도록 성경적 통찰을 준다.

# 죽음의 수용소에서 만난 하나님

『주는 나의 피난처』
**코리 텐 붐** 지음 | **생명의말씀사**

『주는 나의 피난처』는 사랑의 사도 코리 텐 붐의 체험적 신앙기다. 코리 텐 붐은 1892년 네덜란드의 경건한 기독교인 가정에서 1남 3녀 중 막내로 태어났다. 코리 텐 붐의 부모님은 가난했지만 물질로, 마음으로 이웃 섬기기를 아끼지 않았다. 코리 텐 붐은 그런 부모님의 신앙에 영향을 많이 받았다.

코리 텐 붐의 가족들은 매일 성경 한 장을 읽으며 하루를 시작했고, 그녀의 아버지는 매일 밤 모든 자녀에게 예수의 이름으로 기도해주면서 하루를 마무리했다. 아버지의 뒤를 이어 네덜란드 최초의 여성 시계공이 된 코리 텐 붐은, 병약했던 어머니를 여읜 후 아버지 그리고 독신인 벳시 언니와 살게 된다.

2차 대전이 발발하면서 탄압받는 유대인들의 고통을 외면할 수 없었던 코리 텐 붐 가족은 유대인들에게 안전한 거처를 찾아주고 숨겨주는 일에 뛰어든다. 그녀의 집은 독일군에게서 도망치려는 유대인들을 위한 피난처였다.

그 당시 유대인들은 잡히면 수용소에 감금되고 말할 수 없는 고통을 겪다가 대부분 죽었다. 그러니 유대인을 숨겨준다는 것은 수용소 신세가 되는 매우 위험한 행동이었다.

아니나 다를까, 1944년 2월 어느 수요일 밤, 독일의 비밀경찰 게슈타포의 급습으로 코리 텐 붐과 가족들은 모두 체포됐다. 게슈타포 경찰은 헤이그에 있는 비밀경찰 본부로 압송한 다음, 석방 조건으로 더 이상 유대인을 숨겨주지 않겠다는 각서를 쓰라고 강요했다. 하지만 코리 텐 붐의 아버지는 내일 아침이라도 도움을 요청하는 사람이 있다면 문을 열어주겠다며 그 제안을 거절했다.

이 일로 그들은 말할 수 없이 잔혹하고 비인간적인 고문으로 유명한 라벤슨부르크 수용소로 끌려갔다. 코리 텐 붐이 두려움에 떨자 언니는 무릎을 꿇고 기도했다.

"하나님, 감사해요. 그 수용소에서 우리를 위해 무엇을 준비해놓으셨나요?"

그 모습을 보고 코리 텐 붐은 용기를 낼 수 있었고 미래에 대한 희망을 품었다. 그러나 그 기대와는 달리 아버지는 가혹한 고문으로 죽고, 언니도 굶어 죽어갔다. 코리 텐 붐은 너무 낙심해 죽어가는 언니에게 말했다.

"언니! 나는 하나님이 우리를 버리셨다고 생각해."

"코리! 그렇지 않아. 하나님은 우리를 잊지 않으셨어. 하늘이 땅보다 높은 것처럼 하나님의 사랑은 높고 변함이 없어."

그때 그녀는 범사에 감사하는 법을 배웠고 나중에 다음과 같이 책에 썼다.

'하나님은 좋을 일을 주실 때도 선하셨지만 수용소에서 언니를 굶어 죽게 하셨을 때에도 변함없이 선하셨습니다.'

이후 코리는 슈브닝겐에 있는 감옥으로 이송됐다. 열 달간의 지독한 감옥생활이 시작되었다. 그녀는 사람으로서는 도저히 상상할 수 없는 잔혹함과 고난, 공포와 두려움, 온갖 악취와 더러움, 질병과 절망을 견뎌야 했다. 하지만 극한의 상황 속에서도 고통을 겪는 사람들을 진심으로 위로하면서 은밀히 성경을 가르쳤다.

전쟁이 끝난 후 살아남은 코리 텐 붐은 하나님의 메시지를 전달하는 일에 매진한다. 그러던 어느 날, 한 교회에서 간증을 하게 된다. 그녀는 그곳에서 우리가 우리 죄를 자백할 때, 하나님은 우리 죄를 깊은 바다에 던지신다는 말씀을 전했다.

집회가 끝나고 모인 사람들이 돌아가고 있었는데 그녀에게 한 남자가 걸어왔다. 그녀는 그 사람을 알아봤다. 과거 라벤슨부르크 수용소의 간수였다.

"좋은 말씀이었습니다. 말씀하신 것처럼, 우리의 모든 죄가 바다 깊이 던져졌다는 것을 아는 게 얼마나 기쁜 일입니까! 라벤스부르크에 대해 말씀하셨는데, 저는 그곳에서 간수로 있었습니다. 그러나 그 후 저는 기독교인이 되었습니다. 그곳에서 제가 했던 잔혹한 일들을 하나님께서 모두 용서해주신 것을 알고 있습니다. 그러나 당신의 입술로부터 그 사실을 듣고 싶습니다. 저를 용서해주시겠습니까?"

코리 텐 붐의 눈앞에 수용소에서의 잔혹했던 기억이 빠르게 지나갔다. 더구나 용서는 거의 불가능한 일처럼 느껴졌다. 하지만 그녀는 손을 내밀어 전 간수였던 사람의 손을 잡았다.

"하나님이 나를 용서해주셨는데 당신을 용서하는 일 외에 내가 할 수 있는 일이 무엇이 있겠습니까? 나의 마음을 다해 당신을 용서합니다."

그 순간 그녀 안에 존재하지 않았던 사랑이 하늘로부터 폭포

수처럼 쏟아져 내려오는 놀라운 경험을 했다. 과거에 죄수와 간수로 만났던 두 사람은 한동안 서로의 손을 잡고 있었다. 그리스도 안에서 벽이 허물어지고 하나가 되는 기적이 일어나는 순간이었다.

코리 텐 붐은 세계를 순회하며 전도하는 여생을 살았다. 그녀는 성경책을 가방에 가득 담아 구 소련(현 러시아)에 가서 나눠 주기로 했다. 많은 사람이 무모하고 위험한 일이라고 만류했다. 그러나 그녀의 마음속에는 이미 하나님이 주시는 믿음이 있었다.

비행기로 소련에 도착한 그녀는 다른 탑승객들처럼 세관에서 짐 검사를 받기 위해 차례를 기다리고 있었다. 드디어 그녀의 차례가 되었다. 손에 땀이 나는 상황이었다. 그녀는 세관원이 가방에 가득 담긴 성경책을 발견하지 못하게 하려는 하나님의 계획은 어떤 것인지를 생각하면서 서 있었다. 그런데 갑자기 세관원 한 사람이 그녀를 보더니 이렇게 외쳤다.

"이게 할머니 짐이에요? 할머니께서 이렇게 무거운 짐을 들고 다니시는군요. 제가 좀 들어 드리지요."

그 세관원은 성경이 든 가방을 펼쳐보지도 않고 번쩍 들어서 택시 타는 곳까지 친절하게 옮겨 주었다.

세계를 돌며 하나님의 사랑과 용서의 메시지를 나누고, 다양한 집필 활동을 했던 그녀는 1983년 자신의 91번째 생일에 캘리포니아에서 하나님 곁으로 떠났다.

코리의 극적인 인생 여정을 생생하고 감동적으로 담고 있는 이 책을 통해 지금까지 수백만 독자가 고난 가운데 진정 빛을 발하는 하나님의 사랑과 용서를 확인했다. 독자들은 평범했던 여성이 레지스탕스 운동에 뛰어들었다가 죽음의 수용소에 갇혔지만, 결국 20세기에 가장 주목할 만한 복음전도자가 되었던 놀라운 여정을 만날 수 있을 것이다.

**더 읽어볼 책** ·······························································································

- 『고난, 왜 하나님이 나를 때리시는가』 **박윤선** 지음 | **영음사**
- 『고난을 통한 기적 31 Days』 **조니 에릭슨 타다** 지음 | **요단출판사**
- 『고난의 참된 의미』 **토마스 왓슨** 지음 | **목회자료사**
- 『목사님, 사는 게 힘들어요』 **맥스 루케이도** 지음 | **포이에마**
- 『숨지 마, 네 인생이잖아』 **김해영** 지음 | **두란노**
- 『아들의 눈이 빛이 되어』 **송원 · 송경태** 지음 | **나눔사**

# 6장
## 교회생활을 잘하고 싶을 때

'교회는 구체적으로 어떤 모습이어야 하는가?'

교회의 본질과 기능에 관한 중요한 물음이다. 초대교회의 모습이 모든 시대의 교회가 무조건 본받아야 하는 최선이자 최상의 모델은 아니라도, '예수공동체' 또는 '신앙공동체'로서의 초대교회를 이해하는 것은 의미 있는 일이다.

오순절 사건은 신약교회의 시발점이다(사도행전 2장 1절~4절). 예수님의 제자들을 포함하여 신자 120명은 예수님의 말씀에 순종하여 성령 강림을 기다리며 마가의 다락방에서 기도하고 있었다. 그리고 그 약속은 오순절 날 이뤄졌다. 오순절 성령 강림은 기독교의 새 역사를 알리는 역사적 사건이었다. 신학자들은 오순절을 '신약교회의 생일'이라고 말한다. 오순절 성령 강림으로 최초의 신약교회가 탄생했기 때문이다.

오순절 성령 강림으로 형성된 예루살렘 교회는 신약 최초의 교회였다. 초기 2~3세기 동안 기독교인들은 '가정 교회' 형태로 모여서 예배를 드리고 교제를 나눴다.

'가정'은 중요한 출발점을 형성했다. 신약성경에서는 가정 교회들이 그 집주인들과 함께 언급되고 있다. 그들은 각각 자신의 집에 살면서 성령의 역사로 자연스럽게 물질과 영육 간의 교제를 나눴다.

초대교회 예배의식은 성경 봉독과 설교, 기도, 찬송, 신앙고백 등을 포함했다. 성경은 유대교 회당에서 했던 것처럼 구약과 사도들의 편지를 읽었다. 초창기에는 그리스도의 생애와 사역을 설교로 전달했는데 그리스도의 죽음과 부활은 가장 중요한 메시지였다. 기도는 간구와 중보와 감사로 이뤄졌다. 신약성경의 바울 서신들 가운데 초기의 찬송가로 보이는 것들이 남아 있다(빌립보서 2장 6절~11절, 골로새서 1장 15절~20절, 디모데전서 3장 16절).

초대교회 문서 가운데 하나인 '디오그네투스에게 보내는 편지'에는 당시 기독교인의 신앙생활을 보여주는 내용이 들어있다.

> 기독교인들은 나라와 언어 혹은 풍습에 의해서 다른 사람들과 구별되지 않습니다. 그들은 그들의 도시에 살거나 어떤 이상한 방언을 말하거나 어떤 독특한 생활방식을 가지고 있지 않습니다. 그들의 가르침은 호기심이 강한 사람들의 재능이나 사색에 의해 만들어진 것이 아닙니다. 그들은 어떤 사람들이 그렇듯이 단순히 인간적인 가르침을 전하지 않습니다. 그들은 기회가 주어지는 곳이면 헬라의 도시와 외국의 도시, 어디에나 삽니다. 그들은 의복과 음식, 그리고 삶의 다른 면에서 지방의 풍습을 따릅니다. 그러나 동시에 그들 자신의 시민권의 놀랍고 독특한 형태를 우리에게 보여줍니다.
>
> 그들은 자신들의 나라에 살고 있으나 이방인으로 살고 있습니다. 그들은 시민으로서 모든 일에 참여하고, 이방인으로서 모든 어려움을 참습니다. 모든 외국은 그들에게 고국과 같고, 모든 고국은 외국과 같습니다. 그들은 다른 사람처럼 결혼하고 자녀를 낳습니다. 그러나 그들은 원치 않은 아기를 죽이지 않습니다. 그들은 식

탁에 앉아 함께 식사하지만 아내를 공유하지 않습니다.

그들은 '육신 안에' 있으나 '육신을 따라' 살지 않습니다. 그들은 지상에서 그들의 생애를 보내고 있으나 하늘의 시민들입니다. (중략) 기독교인은 세상 안에 있으나 세상에 속한 자가 아닙니다. 마치 감옥에 있는 것 같이 세상 안에 갇혀 있지만, 사실상 세상을 붙잡아 지탱하고 있습니다. 불멸의 영혼이 죽음의 집 안에 살고 있습니다. 비슷하게 기독교인들은 하늘에 있는 멸망하지 않을 것들을 기다리는 동안, 멸망할 것들 가운데서 낯선 사람들로 살고 있습니다. 음식과 음료에 관련하여 빈약하게 취급받을 때, 영혼은 훨씬 더 좋아집니다. 그와 같이 처벌받을 때 기독교인들은 날마다 더욱 증가합니다.

초대교회의 기독교인들은 누구나 '선교사'다. 모두 예수 그리스도의 복음을 전하는 일에 적극적이었다. 윤리적인 면에서도 분명한 확신을 갖고 행동했다. 그들의 구별된 삶은 사람들의 마음을 끌기도 했고, 반면에 사람들에게 걸림돌이 되기도 했다. 즉, 대적자들은 그리스도인이 현세에 대해 무관심하고 세상을 증오한다고 비난했다.

초대교회의 기독교인들은 그리스도의 몸에 속한 지체로서의 의식을 갖고 있었다. 그들은 '하나님의 가족'이었고, 믿음의 형제들이었다. 구체적인 사랑의 나눔과 섬김이 있었다. 이러한 그들의 삶은 영적 매력이 있었다. 이러한 신앙과 실천은 오늘날 우리에게 많은 것을 시사해주고 있다.

교회생활을 잘하고 싶을 때 도움을 주는 신앙서적들을 이번 장에서 소개한다. 교회는 무엇보다도 '그리스도의 몸'으로 불리는 신앙공동체다. 이 공동체에서 아름다운 신앙생활을 하려면 사랑의 관계, 친밀함의 교제가 잘 이뤄져야 한다.

　　신앙생활은 한마디로 '관계'다. 하나님과의 관계이자, 동료 신자들과의 관계다. 건강한 신앙인으로 성장하려면 내가 먼저 건강한 관계를 맺어야 한다. 또한 서로 돌아보고 격려하며 세워주는 역할을 배워나가야 한다. 이번 장에 나오는 책들의 메시지가 그 관계와 역할의 디딤돌이 되어줄 것이다.

# 사랑으로 하나님의 성품을 반영하라

『5가지 사랑의 언어』
**게리 채프먼** 지음 | **생명의말씀사**

사랑 가득한 마음을 표현하려면 어떻게 해야 할까? 미국의 라디오 프로그램 진행자인 게리 채프먼은 오랜 기간 가정세미나를 하면서 '5가지 사랑의 언어'를 널리 알리고 있다. 사랑을 잘 표현하기 위해서는 적어도 다섯 가지 사실을 알아야 한다고 말한다.

저자는 서로 사랑하는 관계를 맺는 것이 하나님의 성품을 반영하는 것이라고 생각한다. 그런데 사람마다 서로 다른 '사랑의 언어'가 있다. 인정하는 말을 들을 때 사랑을 느끼는 사람이 있는가 하면 친밀한 시간을 함께 보낼 때 사랑을 느끼는 사람이 있다. 부부간의 경우도 마찬가지다. 두 사람의 주된 사랑의 언어가 다를 때, 문제가 생긴다. 예를 들면, 아내가 쓰는 사랑의 언어를 남편이 사용하지 않는다면 아내는 사랑받고 있다는 느낌을 받지 못하고 사랑에 대한 욕구를 채울 수 없을 것이다.

인간관계의 문제는 대부분 상대방이 내 사랑의 언어를 이해하지 못하는 것에 대해 불편을 느끼기 때문에 발생한다. 그러므로 상대방이 사용하는 사랑의 언어로 말할 때 인간관계는 훨씬 더 풍요로워질 수 있다. 배우자, 자녀, 부모, 주변 사람들에게 사랑받는다는 느낌을 줄 수 있는 열쇠는 그들 각자의 주된 사랑의 언어를 찾아 지속적으로 사용하는 것이다

5가지 사랑의 언어 중에 첫 번째는 '인정하는 말'이다. 성경을 보면, 인간을 인정해서 격려하시는 하나님의 말씀을 볼 수 있다.

'두려워하지 말라. 내가 너와 함께 함이라(이사야 41장 10절).'

예수님께서도 말씀을 통해 생명과 소망을 전해주셨다.

'나는 생명의 떡이니 내게 오는 자는 결코 주리지 아니할 터이요, 나를 믿는 자는 영원히 목마르지 아니하리라(요한복음 6장 35절).'

성경은 처음부터 끝까지 구원을 베풀고 위로하고 진리를 드러내는 말씀으로 이뤄져 있으며, 자신의 사랑을 선포하시는 사랑의 하나님을 보여 주고 있다.

"정말 멋있네요"라는 한마디에 자신감이 샘솟는다. "고마워

요"라는 말에 모든 피로가 싹 가시지 않는가. 인정을 표현하는 칭찬의 대상은 행동, 외모, 성격, 재능, 업적 등 얼마든지 있다.

두 번째는 '친밀한 시간'이다. 구약의 아브라함은 '하나님의 친구'라고 불렸다. 시편에는 인간과 친밀한 시간을 나누고 싶어 하시는 하나님의 마음이 잘 드러나 있다.

'여호와께서는 그 모든 행위에 의로우시며 그 모든 일에 은혜로우시도다. 여호와께서는 자기에게 간구하는 모든 자, 곧 진실하게 간구하는 모든 자에게 가까이 하시는도다(시편 145편 17절~18절).'

야고보는 '하나님을 가까이 하라! 그리하면 너희를 가까이 하시리라(야고보서 4장 8절)'라고 말하며 하나님과의 친밀한 관계를 강조했다. 예수님도 사도가 될 제자들과 친밀한 시간을 함께 나누셨다고 저자는 말한다.

고아의 아버지로 알려진 조지 뮬러는 사실 기도의 사람이었다. 고아원을 시작하기 전부터 하나님과 오랜 기간 친밀한 시간을 갖는 삶을 가졌다. 그의 일기는 그러한 증거로 가득하다.

'저녁 9시부터 새벽 1시까지 교구 사무실에 있었다. 주님과 친밀한 교제를 나누었다(1832년 7월 19일).'

'하나님의 은혜로 일찍 일어나 아침을 먹기 전에 거의 두 시간 동안 기도할 수 있었다(1834년 6월 25일)'.

하나님과 함께하는 친밀한 시간이 조지 뮬러의 삶을 이루는 중심이었다.

친밀한 시간이란, 한눈파는 일없이 상대방에게 주의를 집중하는 것을 말한다. 내 관심사가 아닌 상대방의 관심사에 집중해야 한다. 함께 시간을 보내는 것은 가장 질적인 사랑의 표현이다.

세 번째는 '선물'이다. 하나님은 선물을 주시는 일에 능숙하신 분이시다. 성경은 하나님을 '주시는 분'으로 묘사한다.

신약성경은 사랑하는 자들에게 선물을 후히 주시는 사랑의 하나님을 계속 그리고 있다. 성경 전체의 메시지는 요한복음 3장 16절의 말씀으로 요약된다.

'하나님이 세상을 이처럼 사랑하사 독생자를 주셨으니, 이는 그를 믿는 자마다 멸망하지 않고 영생을 얻게 하려 하심이라.'

사도 요한에 따르면, 하나님께서 주시는 최고의 선물은 그리스도께서 다시 오실 때 재창조될 우리들 자신이다(요한일서 3장 1절~2절).

저자 게리 채프먼의 말에 의하면, 선물을 주시는 하나님에 대한 주제는 히브리인의 역사와 기독교 역사 속에 깊이 흐르고 있다. 선물을 주된 사랑의 언어로 사용하는 사람들에게는 이런 하나님의 속성이 뚜렷하게 드러난다. 좋은 선물을 주시는 분으로 하나님을 바라본다.

어떤 사람은 매주 20개 정도의 빵을 구워서 하나님께서 만나게 하시는 사람들에게 나눠준다. 이런 사람은 하나님에 대한 사랑도 선물을 통해 표현하곤 한다. 하나님께 우리의 사랑을 표현하는 한 가지 방법은 도움을 필요로 하는 사람들에게 선물을 주는 것이다(마태복음 25장 34절~40절).

주는 것이 삶의 한 방식인 사람들이 있다. 그들은 주변 사람들에게 필요한 것을 채워줄 때 하나님을 가장 가까이 느낀다. 그러므로 우리는 다른 사람에게 주는 것을 통해 하나님의 사랑을 드러낼 수 있다.

네 번째는 '봉사'다. 마더 테레사는 20세기를 대표하는 사랑의 선지자였다. 마더 테레사의 주된 사랑의 언어는 '봉사'였다. 거리에서 숨겨 가는 여인을 집으로 데려갔고, 죽어 가는 사람들을 위한 집을 마련하여 편안하게 마지막을 보낼 수 있도록 했다. 또한 고아, 나환자, 에이즈 환자, 미혼모를 위한 집을 열었다. 그녀에게는 다른 사람을 섬기는 일이 하나님을 사랑하는 것과 같았다. 그녀는 "그들에게 도움을 베풀 때마다 실제로 그리스도를 돕는 것이다"라고 말했다.

예수님은 우리의 죄를 대속하기 위해 생명을 바치는 최고의 봉사로 그 사랑을 표현하셨다. 예수님께서 행하신 기적들은 언제나 사람들을 향한 사랑의 표현이었다. 즉, 그 이적(異蹟)들은 하나님의 사랑을 표현하기 위한 것이었다.

'내 계명은 곧 내가 너희를 사랑한 것 같이 너희도 서로 사랑하라 하는 이것이니라. 사람이 친구를 위하여 자기 목숨을 버리면 이보다 더 큰 사랑이 없나니(요한복음 15장 12절~13절)'라고 말씀하신 예수님은 자신의 죽음을 봉사로 여기셨다. 바울 사도 역시 그리스도의 죽음을 하나님 사랑의 표현으로 보았다.

마지막 다섯 번째는 스킨십, 바로 '신체적 접촉'이다. 저자의 말에 의하면, 하나님께서는 신체적 접촉을 사랑의 언어로 사용하신다. 예수님의 생애를 살펴보면 그분도 종종 신체적 접촉을 사랑의 언어로 사용하셨다. 사람들은 '예수의 만져주심'을 바라고 어린 아이들을 데리고 왔다(마가복음 10장 13절).

예수님은 기적을 행하시면서 종종 사람들을 만지셨다. 제자들과 함께 계실 때도 신체적 접촉을 사랑의 언어로 사용하셨다. 특히 제자들의 발을 씻기신 사건은 주목할 만한 일이다(요한복음 13장 1절~17절). 여기서 주님은 봉사와 신체적 접촉, 이 두 가지 사랑의 언어를 함께 사용하셨다.

성경에 의하면, '사랑하는 관계'는 행복의 필수조건이다. 사랑하지 않으면서 행복하게 사는 사람은 없다.

이 책에서 저자는 '사랑의 언어'라는 개념을 통해 어긋난 인간관계들에 기적을 선사하고 있으며, 하나님과의 관계에서도 풍성하고 다양한 '사랑의 언어'가 존재한다는 사실을 설득력 있게 제시한다.

# 상처 입은 관계를 회복하려면

『존 비비어의 관계를 위한 묵상』
**존 비비어** 지음 | NCD

관계와 상처를 집중적으로 다루는 책으로, 깨어진 관계가 회복되게 하나님의 진리를 30일 동안 묵상하도록 도와준다.

저자의 말에 의하면, 사탄이 가장 많이 쓰는 미끼는 바로 '상처'다. 기독교인이라면 누구나 '상처받았다'는 말을 들어본 적이 있을 것이다. 쉽게 아물지 않는 상처의 영향력과 특성 때문에 사탄은 상처를 더 빈번히 이용하는지도 모른다.

우리는 상처 없이 살 수 없다. 수없이 많은 어려움 속에서 낙망하고 좌절한다. 하지만 다시 희망을 찾아내 성공을 이룬다. 성경의 많은 인물이 그랬고, 위인들이 그랬다. 그렇기 때문에 우리도 인생의 어려움 속에서 상처의 아픔을 이겨내고 삶의 기쁨을 만들 수 있다고 저자는 말한다.

상처에서 해방되려면 상당한 노력이 필요하다. 우리는 본능적으로 우리에게 상처준 사람을 원망한다. 하지만 그때 우리는 상처받은 마음이 빨리 회복되도록 단련해야 한다.

마음을 치유하고 고통에서 벗어나려면 자신이 상처받았다는 사실을 인정해야 한다. 자신의 상태를 정직하게 인정하고 나면 주님께 마음의 문을 여는 것이 쉬워진다. 주님 앞에서 사실을 솔직하게 인정하면 주님과의 긴밀한 관계가 시작된다. 그 긴밀한 관계 속에서 치유가 진행된다.

주님의 치유법은 우리가 생각하는 방향과 다를 수 있다. 주님의 방법이 이해되지 않더라도 겸손하게 자신을 내려놓고 순종하면, 주님은 우리의 상처를 치유해주실 뿐 아니라 마음에 평안을 주신다. 우리가 상처를 방치하면 그 상처는 결국 우리의 삶을 망친다. 상처를 인정하고 주님께 내려놓아야 주님과 동행하는 삶을 살 수 있다.

우리는 관심을 갖고 마음을 주는 사람들에게 상처를 받기도 한다. 그 사람들은 옆에 앉아 같이 찬양하는 사람일 수도 있고, 설교하는 사람일 수도 있다. 가까운 관계일수록 그 상처는 더욱 모질고 독하다.

마음에 상처를 안고 있으면 과도하게 자기를 보호하려는 심리가 생긴다. 그런 태도는 자신의 인격적 결함을 보지 못하게 만든다. 상처준 사람만을 비난하느라 자신의 실수와 인격적 결함을 똑바로 보지 못하게 된다.

우리는 마음을 다치면 또다시 상처받지 않기 위해 우리 주변에 단단한 벽을 쌓는다. 상처받는 상황으로부터 자신을 보호하기 위해 스스로 벽을 쌓는 것이지만, 안타깝게도 그렇게 하면 주변 사람들과 나누던 친밀한 관계도 끊어진다.

벽을 쌓은 사람은 자신의 상처에만 몰두하기 때문에 내성적 성격으로 변하게 된다. 또한 인간관계를 맺는 데에도 지나치게 조심한다. 그 결과 더 고립된다. 상처를 처리하지 않고 계속 쌓아두면 아주 치명적이 되고 결국 우리는 영적인 죽음에 이르게 된다.

관계 회복에서 용서를 구하는 일은 중요하고 필수적이다. 하지만 용서를 구하는 일은 우리 자신을 낮춰야 해서 쉽지 않다. 자존심이 상하기도 하고 심지어 잘못이 없는데 억지로 그 잘못을 인정하는 것처럼 보여 억울함을 느끼기도 한다. 그러나 상대방의 상처를 위로하며 회복을 위해 자신을 낮추는 일이니 자존심이 상하다고 볼 일은 아니다. 예수님은 이런 모습을 기쁘게 여기신다.

다른 사람에게 양보하고 다른 사람의 시각에 맞추는 것을 두려워하지 않는 사람이야말로 성숙한 기독교인이라는 사실을 잊지 말고, 상대방과 우리 자신을 위해 용서를 구하자.

용서는 과거의 사건을 잊어버리는 것만을 뜻하지 않는다. 용서를 하기 위해서는 용서하겠다는 다짐을 넘어서는 무언가가 필요하다.

마음에 상처와 아픔이 있어도 하나님의 사랑을 생각하면서 기도하면 진정한 자유를 맛볼 수 있다. 상처준 상대를 위해서 진정으로 기도할 때, 우리는 완전히 치유되고 회복된다. 진정한 용서는 자기 자신과 타인을 진정으로 사랑하게 만든다.

화해하기 위해서는 선한 마음만으로는 부족하다. 즉각적인 행동이 뒤따라야 한다. 마음이 내키지는 않지만 화해가 필요한 사람이 떠오른다면 지금 당장 그 사람을 찾아가서 화해를 청하라. 그런 당신에게 하나님께서 관계의 회복을 허락하실 것이다.

화해를 청해도 상대방이 마음을 열지 않고 계속 비난하거나 공격한다면 어떻게 해야 할까? 저자에 따르면, 그런 사람에게는 정중히 사과하고 화해하려는 자신의 의도를 정확하게 전달한 뒤 그 자리에서 일어나야 한다. 어떠한 이유든 상대방이 용서하지 않는 것까지 관여할 수는 없다. 화해의 노력은 힘들지만 노력한 만큼 값진 보상을 얻게 될 것이다.

하나님이 우리의 깨진 관계를 회복시켜주시고 하나님의 영광된 자녀로 삼아주셨듯이, 우리가 다른 사람에게 하나님의 사랑을 실천할 때 그들과의 부서진 관계는 회복될 수 있다.

진정으로 서로 사랑하는 모습을 보이면, 사람들은 하나님의 사랑이 어떤 것인지 감성적으로 느끼게 된다. 사람들은 비판이나 판단하는 마음 없이 순수하게 대하고 존귀한 존재로서 존중하는 우리의 자세를 보면 닫힌 마음의 문을 연다. 그때 그 사람들은 당신과 하나님과의 완전한 관계 속으로 천천히 걸어 들어올 것이다.

예수님은 우리가 서로 사랑하고 섬겨주기를 바라신다. 진정으로 이타적인 사랑을 가지면 타인을 위해 자신의 소유물을 양보하는 것이 어렵지 않다. 또한 보상을 바라지도 비난을 하지도 않는다. 서로의 상황을 살피며 상대방이 상처를 받거나 실망하지 않도록 주의할 것이다. 이것이 바로 형제를 위해 사랑하는 마음으로 배려와 섬김을 실천하는 모습이다.

복잡한 인간관계 속에서 쉽게 상처받는 기독교인들은 하나님 앞에 더 가까이 나아가는 대신 원망과 불신을 품을 때가 있다.

하지만 이 책을 차례대로 읽다 보면 상처의 근원과 그 의미를 하나님의 시각으로 파악하게 된다. 그리고 자신의 삶을 하나님 안에서 다시 정립할 수 있다. 날카롭고 정확한 문제제기로 우리가 짚고 넘어가야 할 부분들을 하나님의 시각으로 바라볼 수 있도록 도와주고 있다.

# 감정적인 상처, 이렇게 치유하라

『상한 감정의 치유』
**데이빗 A. 씨맨즈** 지음 | **두란노**

이 책은 총 12장으로 구성되어 있는데 각 장에는 여러 가지 내적 감정들과 오류들에 대한 대처방안, 치료방법 등을 담고 있다. 저자는 분노와 죄의식, 우울증과 열등의식, 마음속 깊은 곳에 잠겨 있는 감정적인 상처들이 우리의 삶에 얼마나 심각한 영향을 미치고 있는가를 보여준다.

저자가 말하는 '상한 감정'이란 무엇인가? 가면을 쓴 것처럼 잘 감춰진 외적 모습의 내면에 인생의 나이테가 기록되어 있다고 한다. 잘려진 나무의 나이테를 보면 그 나무의 일생을 알 수 있다. 이와 마찬가지로 우리의 마음속에도 나이테가 있다. 외적 모습에 가려져 보이지 않을 뿐이다. 그 나이테에는 오래된 아픈 상처, 억눌려져 있던 기억들도 있다. 이것이 바로 '상한 감정'인데, 우리의 사고와 감정 그리고 대인관계에 영향력을 미친다. 그 영향력은 인생이나 하나님을 향한 태도, 다른 사람이나 자신을 보는 태도에 나타나게 된다.

예수 그리스도를 만나는 극적인 경험이 아주 귀중하고 영원한 가치가 있지만, 상처가 곧장 낫지는 않는다. 특히 인격에 손상을 받은 정서적인 문제들은 빨리 낫지 않는다. 이러한 문제들은 빨리 이해하는 자세가 필요하다. 자신을 학대하지 않고 오직 성령께서 특별한 방법으로 상처와 혼동된 상태를 고치실 수 있도록 맡겨야 한다. 이러한 문제들을 이해한다면 다른 사람들을 날카롭게 비난하지 않게 된다.

우리는 여러 가지 이유와 환경으로 인해 셀 수 없이 많은 상처를 받는다. 우리가 과거에 받은 모든 상처를 성경적으로 처리하는 하나님의 방법이 있다. 하나님은 내가 누구를 용서하는 것과 원망을 포기하고 항복하는데 그치게 하지 않고 한걸음 더 나아가게 하신다. 내가 어린 시절에 경험했던 상처들과 죄와 허물을 담당하셔서 그것들을 싸매시되 우리를 사랑하시기 때문에 변화시켜 주신다.

물론 사탄은 언제나 치명적인 무기를 준비하고 우리를 공격한다. 우리가 하나님의 용서에 대한 약속을 믿고 용서받는 은혜를 체험한 후에도 사탄은 두려움, 의심, 분노, 걱정, 죄책감을 오랫동안 떨쳐 버릴 수 없게 하고 이런 감정들로 우리를 속박한다. 이처럼 심리적으로 열등감과 부족감 그리고 자신의 가치를 무시하는 감정들, 즉 낮은 자존감이야말로 사탄이 준비한 가장 치명적인 무기다. 낮은 자존감은 우리의 잠재력을 마비시키고 비전을 파괴시키며 대인관계뿐 아니라 하나님과의 관계에서도 아주 나쁜 영향을 미친다. 그러므로 우리는 갖고 있을지 모를 낮은 자존감을 치료받아야 한다.

낮은 자존감을 치료하기 위해서는 나를 누군가 원하고 용납하며 돌봐주고 사랑한다는 것을 느끼고 소속감을 가져야 한다. 그리고 하나님의 나라와 그의 사역을 위해 자신이 쓸모 있는 사람이라는 것을 이해하고 받아들여야 한다. 자신을 스스로 격하시키는 것이 하나님을 기쁘시게 하는 겸손으로 생각한다면 잘못된 믿음이다. 스스로 격하시키는 것이 겸손은 아니라는 말이다. 우리 스스로 하나님께서 부여하신 존재의 의미를 깎아 내리고 멸시할 수는 없다. 그러므로 성령과 함께 동역하면서 하나님이 기뻐 받으시는 하나님의 백성이라는 자존감을 갖고 살아야 한다.

사탄의 무기고에 있는 가장 강력한 무기 중 하나가 '심리적인 무기'다. 두려움, 의심, 분노, 악심, 걱정, 죄책감 등이 해당되는데 이 중 가장 무서운 심리적 무기는 열등감, 부족하게 느끼는 것, 자신의 가치를 무시하는 감정들이다. 놀라운 영적 경험과 믿음, 하나님의 말씀에 대한 지식이 있는데도 이런 감정들이 수많은 기독교인을 속박하고 있다.

저자는 손상된 감정들을 치료받기 위해 따라야 할 일반적인 성경적 원리들을 제시하고 있다.

첫째, 문제를 똑바로 직시하라. 삶에서 부딪치게 되는 각종 문제를 회피하거나 봐주지 말고 예수님께로 가져가라는 말이다.

둘째, 어떤 문제든지 자신에게 책임이 있다는 것을 인정하라. 변명하거나 문제의 원인을 다른 사람에게 돌리지 말라고 충고하고 있다.

셋째, 고침을 받기 원하는지 자신에게 스스로 물어라. 치료받기를 원한다면 치료할 의지를 갖고 있어야 한다는 것을 의미한다. 바꿔 말하면, 아무리 성령이 충만하고 은총이 넘쳐도 정작 그 자신의 의지가 미약하면 치료는 아무 효과가 없다.

넷째, 문제 가운데 연관되어 있는 모든 사람을 용서하라. 기독교 윤리와 가장 부합되는 원리로, 자신이 어떤 문제에 맞닥뜨렸을 때 주변 사람들을 용서하고 이해하면 문제를 해결할 수 있다는 것을 시사한다. 십계명 중 하나인 '네 이웃을 사랑하라'와 일맥상통한다.

다섯째, 자기 자신을 용서하라. 자신을 사랑하지 않고서는 다른 사람도 사랑할 수 없음을 의미한다. 사실 자기 자신에 대한 사랑과 동정의 감정이 없다면 타인에 대한 배려는 당연히 할 수 없다.

여섯째, 문제의 핵심이 무엇인지 또한 그것을 위한 기도의 방법을 성령님께 구하라. 사도 바울은 우리가 마땅히 기도할 바를 알지 못한다고 말했다(로마서 8장 26절). 따라서 성령님의 도우심을 구하는 기도가 필요하다.

복음서에 따르면, 예수님은 나약함, 정서적인 문제들 그리고 내적인 갈등뿐 아니라 그것들로 인한 좌절감, 근심, 우울한 심정, 상처, 소외당한 느낌, 고독감과 고립감, 거부감까지 모든 것을 손수 경험하셨다. 예수님은 우리의 연약함을 아시고 이해해 주신다. 그러므로 우리는 죄책감이나 부끄러운 태도를 버리고 우리를 치유하시기를 원하시는 예수님 앞으로 확신을 갖고 담대히 나아갈 수가 있다. 또한 그렇게 나아가야 한다.

# 하나님을 중심에 두는 예배

『경배』
**그래함 켄드릭** 지음 | **두란노**

　예배란 무엇인가? 예배는 단순한 모임이 아니라, 우리의 유익이 아닌 그분의 유익을 위해 드리는 시간이다. 또한 하나님을 향한 우리의 사랑 고백을 찬양과 경배로 드리는 시간이다.

　예수님께서는 예배의 전제조건으로 타인과의 올바른 관계를 말씀하셨다. 기독교인은 화평과 화목 가운데 '하나 됨'을 추구해야 한다. 그런데 지금 교회의 모습은 어떠한가?

　예배 가운데 서로 섬기는 자세보다 자신의 이익만을 챙기려는 자세가 교회 내에 만연하다. 이러한 기독교인들의 자기중심성은 진정한 예배를 방해하고 믿음의 기쁨이 전혀 생기지 않게 한다. 하나님께 제대로 된 찬양과 영광을 드리는 방법은 우리의 노랫

소리가 아니라 믿음 가운데 하나 된 우리의 모습과 서로를 이해하는 자세다.

예배는 자녀인 우리가 아버지인 하나님께 나아가는 시간이다. 우리는 예수님의 죽음, 부활, 승천을 통해 믿음으로 말미암아 아버지로서의 하나님과 관계 맺을 자격을 부여받았다. 또한 '아바(Abba) 아버지'라고 부를 수 있게 되었다. '아바(Abba)'는 문자 그대로 하나님을 어린 아이의 심정으로 '아빠'라고 부르는 것을 뜻한다. 이 얼마나 놀라운 특권인가!

저자는 인도자의 역할이 중요하다고 말한다. 예배를 드리는 짧은 시간에도 인도자는 성령의 인도함을 받아 예배의 기본 규칙은 물론 예기치 않는 상황에 대한 준비까지 해놓고 예배를 이끌어야 한다. 영적인 권위를 갖고 있어야 하며 동시에 겸손해야 한다. 특히 자신을 있는 그대로 보여줘서 신자들과 서로 신뢰하는 관계를 맺어야 한다.

자신이 인도자가 아니더라도, 그 어떤 직분을 맡지 않았더라도 교회에 모인 다른 사람들과 함께 오로지 하나님만을 위한 예배를 드린다는 자세로 예배에 임해야 한다. 무엇보다 예배의 중심에 하나님을 두는 것을 절대로 잊으면 안 된다.

# 서로 용서하라

『하나님이 만드신 참 좋은 나』
**댄 스니드** 지음 | **예수전도단**

이 책을 읽으면 하나님 안에서 자신의 정체성을 발견하게 될 것이다. 하나님 안에서 자신이 누구인지 알게 되고, 그 과정 속에서 하나님의 자녀가 되는 기쁨을 누리게 된다.

필자는 이 책을 읽으면서 특히 '용서'를 다룬 부분에 큰 감동을 받았다. 그래서 기독교인이 갖춰야 할 것 중 하나인 '용서'에 대해 이 책의 내용을 바탕으로 독자 여러분에게 말씀드리고자 한다.

이 책의 저자는 텔레비전에서 본 한 어머니와 성인이 된 딸의 인터뷰에 대해 이야기하고 있다. 딸이 어렸을 때 어머니는 딸을 학대하고 옷장 속에 가두는 등 폭력적이었다. 그러던 어느 날,

자제력을 잃은 그 어머니는 엄지손가락으로 딸의 눈을 너무 세게 눌렀고 결국 딸은 눈이 멀게 된다. 하지만 수년 후에 기독교인이 된 딸이 어머니를 용서하면서 딸과 어머니는 화해를 하게 된다.

저자는 우리가 용서받은 자이므로 용서하도록 부름을 받았다고 말한다(에베소서 4장 32절). 용서는 용서하지 않았을 때의 처참한 결과로부터 나를 풀어주므로 결과적으로 나 자신을 위한 것이다.

용서가 꼭 공정하다고 말할 수 없지만, 우리에게 죄책감의 사이클을 깨는 길을 마련해준다. 용서하지 않는다면, 복수와 파괴의 사이클은 영원히 계속될 수도 있다.

용서는 분명 쉽지 않다. 하지만 용서는 하나님께서 그분의 방법으로 그 일을 처리하실 것을 신뢰하며 선택하는 믿음의 행위다. 보복할 수 있는 나의 권리를 그분께 드리는 것이다. '내가 자유롭다는 것'을 선언하는 의미도 있다.

저자는 우리에게 상처준 사람들을 용서하라고 말한다. 용서는 우리의 회복을 위한 긍정적 과정이며 아울러 우리에게 잘못한 사람들을 위한 것이다. 하나님은 우리가 치유의 도구가 되기를 원하신다.

용서할 수 없다고 생각될수록 더욱 용서하려고 하자. 하나님께서는 '용서'라는 과정을 통해 '새로운 나', '더 좋은 나'가 될 수 있는 기회를 주셨다.

**더 읽어볼 책** ·························································

- 『묵상의 시간』 **윤종하** 지음 | **성서유니온선교회**
- 『이렇게 전한다』 **폴 리틀** 지음 | **생명의말씀사**
- 『지성인을 위한 신앙 지침서』 **제임스 패커 외** 지음 | **크리스챤다이제스트**
- 『참으로 예배하고 싶다』 **양명호** 지음 | **생명의말씀사**
- 『하나님의 두 나라 국민으로 살아가기』 **데이비드 반드루넨** 지음 | **부흥과개혁사**

## 7장
# 믿음의 롤모델을 읽고 싶을 때

기독교인이 영성을 유지하고 신앙을 성장시키기 위해서는 신앙과 관련된 위인의 전기를 읽는 것이 중요하다. 전기를 읽으면 하나님에 대해 더 깊이 알 수 있고, 그들의 가르침을 배울 수 있기 때문이다. 특히 전기의 인물들이 문제를 해결했던 방법을 참고해서 내 신앙 문제를 해결하는 실마리로 삼을 수도 있다.

『영적 지도자 만들기』의 저자 로버트 클린턴 교수의 말에 따르면, 많은 위대한 지도자가 다른 사람들의 경험에서 큰 도움을 받았다고 한다. 복음주의를 대표하는 신학자 제임스 패커도 "청교도 거인들의 교훈과 모범은 우리에게 많은 것을 말해준다"고 말했다. 신앙 위인들의 전기를 읽는 것이 얼마나 중요한지를 가늠해볼 수 있다.

20세기 최고의 강해설교자 마틴 로이드 존스는 '자극'을 위해 고전과 대작을 읽었다. 그는 사람이 자기를 자랑하려는 성향을 스스로 제지하는 가장 훌륭한 방법이 '믿음의 사람들'의 전기를 읽는 것이라고 했다.

신앙 위인들의 역사는 살아 계신 하나님께서 역사를 통치하시고 주관하시는 섭리에 대한 여러 모습의 가장 분명한 흔적이다. 신앙 위인들의 전기는 기독교인의 삶에 있어 하나의 보물창고라고 할 수 있다. 그 안에 믿음의 선배들의 신앙 유산이 보화처럼 고스란히 간직되어 있기 때문이다.

전기를 읽을 때에는 해당 인물을 영웅이나 우상으로 생각하지 않도록 주의해야 한다. 또한 그 인물들과 자신을 비교해 초라하다고 생각할 필요는 없다. 이 세상에 모든 면이 완벽한 사람은 존재하지 않

는다. 누구나 다 장단점을 갖고 있다. 자신이 왜소해 보인다고 절망
하거나 자포자기하지 말아야 하는 이유다. 전기를 읽는 바람직한 자
세는 신앙 위인들의 장점과 단점 모두를 삶의 거울로 삼는 것이다.

이번 장에서 소개하는 책들은 어두운 시대에 순교자로 이름을 남
긴 사람, 사랑을 온몸으로 실천한 사람, 하나님의 은혜로 불굴의 믿
음을 보여준 사람들의 이야기이자 신앙고백이다.

이미 세상을 떠난 사람도 있고 우리와 동시대를 살고 있는 사람도
있다. 이번 장의 책들이 전하는 메시지는 연약한 믿음을 튼튼히 세우
는 데 자양분이 되어줄 것이다.

# 일사각오로 믿음을 지키다

『주기철』
**김학중** 지음 | **넥서스CROSS**

주기철 목사는 일사각오(一死覺悟)로 믿음을 지킨 순교자다. 이 책은 한국교회가 남긴 반듯한 신앙의 증인 주기철 목사의 삶과 신앙을 소개하고 있다.

한국교회 역사에 나오는 수많은 목회자 중에 가장 줏대 있는 사람이라면 단연 주기철 목사이다. 많은 교회가 일제의 신사참배 강요에 고개를 숙일 때 주기철 목사는 목숨을 걸고 신앙의 절개를 지켰다.

주기철 목사는 조선이 대한제국으로 국호를 바꾸는 시기인 1897년에 태어났다. 어른들이 칭찬할 정도로 어렸을 때부터 나라를 걱정했다. 그렇게 나라를 생각하며 근심의 나날을 보내던 어느 날, 모든 문제의 궁극적 해결책이 신앙이라고 확신하여 열네 살 때부터 교회를 다니게 된다. 주일학교를 다니면서 접한 다양한 전도 문서를 암기할 정도로 읽고 또 읽었다.

주기철 목사는 기독교 정신과 민족정신이 한데 어우러진 오산학교에서 '예수 사랑'과 '겨레 사랑'을 위한 일사각오의 믿음을 키우게 된다. 아울러 신앙의 기본과 인도주의, 세상을 보는 넓은 안목도 배운다.

오산학교를 졸업하고 연희전문학교에 입학하지만 어렸을 때 앓은 눈병이 다시 도져 1년도 채우지 못하고 중퇴를 한다. 귀향한 주기철 목사는 5년 동안 열심히 교회생활을 하다가 김익두 목사의 부흥회에 참석해 큰 은혜를 체험하고 목사가 되기로 결심한다. 이듬해 문창교회에서 열린 경남노회에서 '신학 청원'을 허락받은 다음, 목사후보생 시험에 합격하여 1922년 3월 봄 학기부터 평양신학교에서 신학 공부를 시작했다. 당시 평양신학교는 졸업생 305명, 재학생 461명으로 국내 최대 규모의 신학교였다.

주기철 목사는 30살에 평양신학교를 졸업하고 목사 안수를 받은 다음, 부산 초량교회의 청빙을 받아 담임목사로 취임한다. 200명이 안 되던 교회였지만 그가 사임할 무렵에는 400여 명으로 증가할 정도로 크게 부흥되었다.

이후 문창교회 담임목사가 되어 분규(紛糾)에 쌓여 있던 교회 문제를 오직 말씀과 기도를 통해 해결했다. 오랫동안 영적 배고 픔에 허덕이던 교인들은 철저하게 하나님의 방식을 따르는 주기철 목사의 목회를 통해 다시금 영성을 회복할 수 있었다.

주기철 목사는 기도와 말씀에 집중하면서도 구제에 힘을 썼고 온유한 인격으로 성도들에게 감동을 주었다. 영력과 사랑, 학식을 구비한 담임목사의 역량으로 문창교회는 나날이 부흥했다.

노회의 지도자가 되고 한국교회의 대표 역할을 하게 되면서 당시 일제와 여러 가지 문제로 부딪히기 시작했다. 그중 하나가 일제의 신사참배 강요였다. 주기철 목사는 경남노회의 대표로서 신사참배 반대를 결의하기로 결정한다. 당시 발표된 내용은 일제의 심기를 건드리기에 충분했다.

신사참배는 십계명 중 엄연히 제1계명과 제2계명을 어기고 우상을 섬기는 것이다. 우리는 계명을 어기고는 살 수 없음을 천명하여, 일본이 강제하는 참배 자리에는 결단코 나가지 않을 것이다.

당시 일본인이 발행하던 한 신문은 이 사건을 대서특필하며

'완고하고 무지한 서양 귀신, 끝내 신사참배 거부'라는 제목으로 기독교를 비판하고 공격했다.

주기철 목사는 1936년부터 평양 산정현교회에서 목회를 시작했는데, 그때부터 고난과 시련의 연속이었다. 일제는 소위 황국신민화 정책과 신사참배 강요를 시작했다. 더 노골적으로 교회에 신사참배를 강요했다.

당시 평양의 기독교 학교들은 일제의 신사참배 강요로 폐교 위기에 처해 있었다. 조선총독부에서는 1938년 2월 이른바 '기독교에 대한 지도 대책'을 수립하고, 경찰력을 동원해 학교와 학생들뿐만 아니라 교회와 기독교인들에게까지 신사참배를 강요하면서 갖은 탄압을 벌였다. 1938년 9월 일제의 강요와 탄압에 굴복해 전국 장로회 총회가 신사참배를 결정했다. 이렇게 교회들이 신사참배에 참여하는 가운데 평양신학교도 문을 닫았다.

주기철 목사는 이미 1938년 봄에 평양경찰서에 연행되어 조사를 받았다. 평양 장로회신학교 학생부흥회나 금강산 목사수양회 강사로 활약하면서 설교를 통해 '불의와 타협하지 않는 목사'로 부각된 그를 회유 대상으로 삼을 것인지, 격리와 탄압의 대상으로 삼을 것인지 판단하기 위해서였다. 이후 네 차례에 걸쳐 총 5년 4개월 동안 투옥생활을 했다. 1940년에는 산정현교회와 사택

이 폐쇄되었다.

주기철 목사는 교인들에게 다음과 같이 설교를 한 적이 있다.

"이 목숨 아끼다가 주님을 욕되게 하는 일을 겪지 않게 해주옵소서. 이 몸이 부서져 가루가 되어도 주님의 사랑만을 지키게 해주옵소서. 소나무는 죽기 전에 찍어야 푸르고, 백합화는 시들기 전에 떨어져야 향기롭습니다. 이 몸도 시들기 전에 주님의 제단에 제물이 되게 하소서.

어떤 이는 나에게 왜 괜한 일로 목숨을 거느냐고 말합니다. 또 다른 이는 가족 생각은 하지 않고 자기 의지만을 주장한다고 말합니다. 친구는 이제 적절히 타협하고 먼 훗날을 기약해서 한걸음 물러서자고 합니다. 어찌 죽음이 무섭다고 주님을 모른 체 하겠습니까? 죽음의 권세를 이기게 하여 주옵소서. 나의 목숨을 빼앗으려는 검은 손은 시시각각 닥쳐오고 있습니다. 나는 '사망의 권세를 이기게 하여 주시옵소서'라고 기도하지 않을 수 없습니다.

죽음이 두려워 의를 버리고, 죽음을 면하기 위해 믿음을 버린 사람이 얼마나 많습니까? 그러나 주님을 위해 수백 번 죽음은 좋지만 주님을 버리고 백 년, 천 년 산다 한들 그 무슨 삶이리오!

오, 주여! 이 목숨을 아끼어 주님께 욕되지 않게 하시옵소서.

주님은 나를 위하여 십자가에서 달리셨습니다. 머리에 가시관, 두 손과 두 발이 쇠못에 찢어져 최후의 피 한 방울까지 쏟으셨습니다."

그는 마지막 설교에서도 일편단심 하나님에 대한 사랑을 이야기했고 죽는 날까지 자신의 신앙을 지켰다.

평양형무소에서 숱한 고문으로 만신창이가 된 주기철 목사는 1944년 4월 21일 밤 9시, 그토록 갈망하던 하나님 품에 안겼다. "내 영혼의 하나님이시여! 나를 붙들어 주옵소서!"가 그의 마지막 기도였다. 그의 나이 49살이었다.

주기철 목사가 순교한 이후 일본 경찰계의 고위 지도층 사이에는 이런 말이 오갔다고 전해진다.

"조선에 참목사는 주기철 밖에 없었다."

주기철 목사는 기독교계뿐 아니라 대한민국 역사에 절개와 지조의 사람으로 한 획을 그었다. 사람들뿐만 아니라 하나님 앞에서도 부끄럼 없는 당당한 삶을 살았다.

# 환자들의 친구가 된 성자

『소설 손양원: 사랑과 용서』
**유현종** 지음 | **홍성사**


하나님의 영광을 위해 지음 받은 이 몸이니 주 위해 살다가

주 위해 죽는다면 이 이상 더 성공이 있겠는가?

— **손양원 목사의 설교 중에서**


이 책은 일반인에게도 손양원 목사를 소개하려는 목적으로 집

필한 실록소설이다. 만두 파는 소년 손양원을 시작으로, 북한군

의 총에 맞아 순교하기까지를 소설 형식으로 그려내고 있다.

손양원 목사는 1902년 경남에서 태어났다. 그의 아버지와 함

께 교회에 출석하기 시작해, 주일학교를 열심히 다녔다. 서울 중

등학교에 입학했지만 아버지가 3 · 1 운동에 참가했다는 죄목으

로 옥에 갇히자 학교를 중퇴하고 고향으로 내려간다. 고향에서 3년 동안 가족을 돌보다가 일본으로 건너가 신문 배달을 하면서 야간학교를 다닌다.

학교를 졸업하고 한 교회 집사로 있다가 다시 일본으로 간다. 얼마 후, 성결교회 노방전도대회단을 따라 나갔다가 나카다 목사의 설교에 큰 감동을 받는다.

손양원 목사는 조선에 복음을 전하는 것이 시급하다고 생각하여 대학 진학을 포기하고 귀국한 다음, 경남성경학교에 입학했다. 이후 경남성경학교를 졸업하고 목사 없는 교회를 순회하며 전도 사업에 전력을 다했다. 신사참배 반대운동을 하다가 옥고를 치르기도 한다.

1939년 7월, 손양원 목사는 평생 한센병 환자를 섬기는 것을 주님의 사업으로 결심하고 여수에 있는 애양원교회에 짐을 푼다. 그들과 함께 살면서 돌보는데 모든 것을 바쳤다. 그러자 한센병 환자들까지 손양원 목사를 사랑하게 된다.

손양원 목사가 1946년 3월 경남 노회에서 목사 안수를 받고 한센병 환자들과 함께 생활하던 중 '여수·순천 사건'이 터졌다. 여수·순천 사건은, 1948년 10월 여수에 주둔하던 국방경비대 제14연대 소속의 일부 군인들이 일으킨 반란사건이다. 같은 해 4

월 제주도에서 남한단독정부 수립에 반대하는 봉기가 발생하자 군·경이 합동으로 진압 작전을 펴던 중 증원이 필요해 여수에 있는 14연대의 군인을 제주도로 급파하기로 했다. 그러자 마침 부대 안의 좌익 세력이었던 일부 군인이 부대 전체가 바쁜 틈을 이용해 폭동을 일으킨 것이다.

사건이 터진 후 불과 4시간 만에 여수와 순천은 군인들의 수중에 들어갔고, 인민위원회가 생기자 바로 인민대회가 열리고 인민재판이 벌어졌다. 이때 손양원 목사의 두 아들은 공산주의 잘못을 폭로하여 인민재판에 회부되었다. 형제는 무자비하게 총살되고 말았다.

여수·순천 사건이 정리되고 형제를 죽인 일과 관련된 한 학생이 총살을 당하게 되었다. 그때 손양원 목사는 "두 아들은 기독교인이었기에 죽을 준비가 되어 있었다. 하지만 이 아이는 준비가 되어 있지 않다. 아직 주 예수를 모르니 그 아이를 내게 달라. 그를 향한 그리스도의 사랑을 그 아이에게 말해 주고 싶다"고 하면서 지휘관을 설득했다. 나중에 그 학생을 자신의 양아들로 삼았고 그 학생의 부모도 모두 주님의 품안으로 돌아오게 되었다.

1950년 한국전쟁 때 손양원 목사는 빨리 피신하라는 한 목사의 권유를 받는다. 그러나 "주의 이름으로 죽는다면 얼마나 영광스럽겠습니까? 내가 만일 피신한다면 그들을 자살시키는 것이나 다를 것이 무엇입니까?"라며 피난하기를 완강히 거절했다.

1950년 9월 13일 손양원 목사는 공산군에게 체포된 후 총살을 당한다. 일생 목회를 하다가 순교한 손양원 목사의 정신을 후대에 알리고자 손양원 목사 순교기념관이 1993년 4월 27일에 건립되었다.

# 그리스도를 모시고 산 경건한 목사

『아름다운 빈손 한경직』
**김수진** 지음 | **홍성사**


템플턴 재단은 1992년 4월 29일 한경직 목사에게 종교계의 노벨상인 템플턴상을 수여하면서 "20세기 한국의 가장 대표적인 목사"라고 평했다.

1895년 조선에 교회가 세워질 무렵, 마포삼열 선교사는 한석진과 함께 원산에서 전도활동을 하고 평양으로 돌아가다가 그만 길을 잘못 들게 된다. 이미 해가 저물어 더 이상 길을 갈 수 없었던 일행은 부득이 간리라는 깊은 마을에서 하룻밤을 지내게 되었다.

간리 사람들은 곤경에 처한 서양인과 동행자를 따뜻하게 맞아주었고, 마포삼열 선교사는 자연스럽게 복음을 전하게 되었다.

"저는 미국에서 온 선교사인데 성은 '마포'이고 이름은 '삼열'이라고 부릅니다. 이분은 조선인으로서 저와 함께 기독교 복음을 전하고 다니는 한석진이라는 사람입니다."

간리 사람들은 마포삼열 선교사의 유창한 조선말에 경탄했다. 조선말을 하는 서양인의 말은 큰 영향력을 발휘했다. 자기소개로 시작된 마을 사람들과의 대화는 밤이 깊도록 계속되었다. 마포삼열 선교사는 알기 쉽게 복음을 전했고, 한석진은 부족한 조선말을 보완해주었다. 간리 마을에 복음이 뿌려지는 순간이었다.

한경직 목사가 태어난 곳이 바로 평안남도 평원군 공덕면 간리의 작은 마을이었다. 농부인 그의 아버지는 자신이 하지 못한 공부를 자식들에게 시키려고 노력을 많이 했다. 무엇보다도 일찍 기독교를 받아들였다. 한경직의 어머니는 흥이 나거나 고단하면 늘 찬송가를 불렀다.

당시 시골에서 소학교를 마치고 상급학교에 진학하는 것은 흔한 일이 아니었는데 한경직 목사가 진광소학교를 졸업할 때쯤, 그를 아끼던 홍기두 선생은 민족정신과 기독교 신앙교육, 과학교육을 바탕으로 인재를 배출하기 위해 세워진 오산중학교로 보내자고 제안한다. 한경직 목사의 부모는 한 마리밖에 없던 소를 팔았고 다른 사람들의 도움으로 간리에서 300리나 떨어진 오산중학교에 입학하게 된다.

　오산중학교를 거쳐 평양 숭실전문학교에 진학한 한경직 목사는 한 바닷가 모래사장에서 주님의 부르심을 받고 이에 응답하여 목사가 될 것을 결심한다. 한 선교사의 주선으로 미국으로 유학을 가게 되었는데 돌연 건강에 이상이 생긴다. 진단 결과, 폐결핵으로 판명되어 결핵요양원의 목사관에서 2년간 요양하게 된다. 한경직 목사는 그 2년 동안 독서와 기도로 지내다가 평생 주님을 위해 헌신할 것을 다짐하면서 대학교 진학을 포기하고 귀국한다.

　한경직 목사는 귀국한 후 영어와 성경을 가르치다가 신의주제2교회에 부임한다. 교회는 날로 부흥했으나 그동안 주요 시찰 인물로 지켜보던 일제는 그를 추방시킨다. 해방이 되자 한경직 목사는 서울에서 베다니전도교회를 창립했고 이후 '영락교회'로 이름을 바꾼다.

　'한경직 목사님 탄신 100주년 기념학술대회'에서 김명혁 교수는 '목회자 한경직 목사'라는 제목의 강연에서 한경직 목사의 생애와 사역을 일곱 가지로 정리했다.

　"첫째, 인간 한경직은 고난과 약함의 사람이었고 둘째, 참회와 회개의 사람이었고 셋째, 기도와 눈물의 사람이었다. 넷째,

목회자 한경직은 설교와 전도를 쉬지 않은 복음전파의 목회자였고 다섯째, 돌봄을 쉬지 않은 사랑과 봉사의 목회자였으며 여섯째, 화평을 추구한 협력의 목회자였고 일곱째, 민족과 세계를 품은 역사의식의 목회자였다. 끝으로, 인간 한경직과 목회자 한경직은 삶이 깨끗한 청빈의 사람이요, 진정한 목회자였다."

# 하나님 한 분만으로 만족한 하버드 박사

『내려놓음』
**이용규** 지음 | 규장

『내려놓음』의 저자 이용규 선교사는 '내려놓음'이라는 단어가 하나의 메시지가 되게 하였다.

이 책의 출판과 관련하여 알게 된 편집부의 이야기는 인상적이고 재미있다. 출간을 앞두고 편집부에서 책의 제목을 정하지 못하고 있었다. 회의가 길어지자 한 직원이 "그만 내려놓고 나중에 다시 생각해보자"라고 했다. 그러자 다른 직원이 "내려놓음…, 그 제목 좋은데요"라고 말하게 되면서 『내려놓음』이라는 탁월한 책 제목이 탄생했다.

이 책에는 흔히 예상하듯 선교사를 선택하게 된 극적인 계기나 가족과의 갈등 요소 같은 드라마틱한 사연은 없다. 대신 마지막까지 가슴 한구석에 남았던 '내가 하버드 박사인데…' 하는 인정받고 싶어 하는 마음까지 비워내는 저자의 삶이 소상히 기록되어 있다.

저자는 '내려놓음'이란 나를 비우고 하나님으로 채우는 삶의 결단이라고 말한다. 하나님이 내려놓으라고 하시는 이유는 우리가 내려놓을 때 비로소 그것이 진짜 우리 것이 되고 하나님이 우리에게 더 좋은 것을 주시려고 하기 때문이라고 말한다.

가정, 학교, 교회 등의 일상 속에서 자신의 모든 것을 계속 내려놓을 때 하나님을 만날 수 있고, 하나님이 필요하다고 생각하시는 시기에 직접 채워주심을 경험할 수 있다.

'내려놓음의 필요성'에 대해 저자는 아들의 사례를 인용해 알려준다.

'두 살인 아들은 자신이 좋아하는 장난감을 움켜쥔 채 가게를 나오려고 했다. 점원이 장난감을 바코드 판독기로 찍으려고 하자 아들은 울며 장난감을 내려놓지 않는 것이 아닌가. 결국 아들은 장난감을 안은 채로 계산대 위에 올라갔다.

장난감을 갖기 위해서는 잠시 계산대에 내려놓아야 한다는 사실을 몰랐던 것이다. 내려놓아야 하지만 영적으로 아기인 우리는 내려놓으면 빼앗긴다고 생각한다. 우리가 잡고 있는 문제는

우리가 쉽게 해결할 수 없으니 하나님께 나의 문제를 내려놓는 과정을 통해 해결을 받을 수 있다.'

"어떻게 해야 선교사님처럼 하나님의 말씀을 들으며 살 수 있나요?"라는 질문에 저자는 설명한다.

"하나님은 우리에게 말씀하시기를 원하지만 우리의 안테나가 주님에게서 오는 소리를 잡기에 너무 약합니다. 안테나를 세우는 방법은 '주님, 제게 말씀하십시오. 제가 듣고 순종하겠습니다'라고 기도하는 것입니다. 100퍼센트 주님의 말씀에 순종하겠다는 결단 없이는 음성을 듣고 분별하지 못합니다. 우리가 인생의 백지 수표에 서명해서 드리기 전까지는 하나님의 뜻을 듣는 것을 기대하기 어렵습니다."

저자의 말에 의하면, 우리가 하나님께 묻지 않는 이유는 그분에게 들으려 하지 않기 때문이다. 왜 들으려 하지 않을까? 순종하기 싫어서다. 우리는 인생 계획표를 백지로 하나님께 드리기보다 우리가 작성한 계획표를 보시고 하나님께서 결재해주시기를 바란다.

사탄은 하나님의 성품에 대해 늘 우리에게 거짓말을 한다.

"하나님께 네 인생을 걸면 너는 그때부터 망하는 거야."

"인생의 재미를 보는 것은 이제 끝나는 거야."

"네가 하고 싶었던 모든 일로부터 너는 손 털어야 해."

"하나님이 다 내려놓고 아프리카 오지로 선교하러 가라면 어떻게 할 거니?"

그러나 하나님께서 우리에게 내려놓으라고 하시는 이유는 내려놓을 때야 비로소 우리 것이 되기 때문이다. 세상의 주인 노릇을 하는 사탄은 우리에게 끊임없이 가지라고, 꼭 붙들고 있으라고 유혹한다. 내려놓으면 모두 잃는다고 속삭인다. 하나님께 내려놓는 순간 모두 잃어버릴지도 모른다면서, 후히 주시고자 하는 하나님의 성품을 의심하게 만든다.

분명 하나님은 더 좋은 것을 주시기 위해서 내려놓으라고 하신다. 내려놓을 때 주어지는 가장 좋은 것은 세상이 줄 수 없는 자유와 평강이라고 저자는 말한다.

예수님은 분명히 우리가 두 주인을 섬길 수 없다고 말씀하셨다. 단지 두 주인을 섬겨서는 안 된다는 금지의 뜻이 아니라 그렇게 둘을 섬기는 것이 불가능함을 의미한다.

세상과 하나님, 둘 다 누리고 싶어 한다면, 하나님을 잡고 있는 것 같지만 실은 세상을 잡고 있는 것이다. 양쪽에 걸치려는 사람은 필연적으로 결정적인 순간에는 십자가가 아닌 세상을 택하게 마련이다 내려놓음의 길은 십자가의 길이다. 나를 위해 죽으신 예수님이 내 안에 사시는 과정 중에 꼭 거쳐야 할 단계이다. 세상을 내려놓을 때 우리는 예수님의 소유된 백성이라 일컬음을 얻게 될 것이다.

저자의 말에 의하면, 우리가 자신을 비우고 하나님의 뜻이 나를 주관할 때 우리 삶의 영역 가운데 하나님의 순결한 영이 부어지고 우리가 하나님의 축복 통로로 쓰임을 받게 된다. 영적 세계에서 비움은 채우기 위한 전제조건이다. 우리가 우리의 것을 내려놓는 궁극적인 이유는 하나님의 신령한 것으로 채우기 위해서다. 이제 우리도 저자처럼 내려놓을 수 있을까?

# 작은 예수로 살다간 젊은 의사

『그 청년 바보의사』
**안수현** 지음 | **아름다운사람들**

 

'바보의사'라는 이름을 남기고 하나님의 품에 안긴 청년의사 안수현. 그는 누구인가? 이미 베스트셀러 『그 청년 바보의사』를 통해 많은 사람의 심금을 울렸지만, 저자 안수현에 대해 잘 모르는 사람이 아직도 많다.

한 사람이 사람다움의 향기를 남기기가 어려운데, 청년의사 안수현은 예수 그리스도의 삶을 온몸으로 배우고 실천하고자 했기에 사람들에게 그리스도의 향기로 기억될 수 있었다. 그리고 끊임없이 배려와 사랑의 몸짓을 보여줘 '바보의사'라는 별명도 남길 수 있었다.

그는 내과 전문의로 일하면서 하나님을 섬겼다. 생전에 사람들에게 '청년의사'라고 불렸으며 신앙을 갖지 않은 사람들에게 더 친근하게 다가가기 위해 노력하면서 '예혼'이란 헬퍼십 공동체를 만들어 리더로 활동했다.

저자의 말에 의하면, 우리 각자에게는 하나님께서 정해주신 자기만의 지정곡이 있다.

'일평생을 통해 우린 각자의 곡을 연주해나갈 것이다. 하늘의 천군천사와 구름 같은 허다한 증인들이 그 연주회의 청중이 되어줄 것이다. 주님께서 정하신 생의 마지막 날, 최선을 다한 나의 연주가 비로소 마침표를 찍을 때 갈채를 받기에 부끄럼이 없을, 최선을 다한 연주를 마치고 무대에서 내려오고 싶다.'

자투리 시간을 아껴가며 독서하는 책벌레였다. 또한 1년에 300권 정도의 책을 환자와 주위 사람들에게 선물했다. 각 사람에게 맞는 책을 골라 주었고, 위로와 격려가 필요한 사람에게 클래식 음악 CD를 선물했다. 그 덕분에 많은 동료가 클래식에 입문했고 그의 선물을 계기로 하나님을 믿게 된 사람도 있었다.

의사라는 본분에도 충실했다. 고통스러워하는 환자들의 얘기를 들어주고 격려의 말을 해주며 안아주었다. 손을 꼭 잡아 주며 부드러운 미소를 보내주고 환자의 살이 베일 때 정말 자신의 살이 베인 것처럼 아파했다. 하나님의 가르침에 따라 의술을 펼쳤다. 몸의 병뿐만 아니라 환자의 마음까지 깊이 헤아리려고 노력한 '참의사'였다. 그가 인턴이 되어 본격적으로 환자를 돌보던 시절, 한 의대 선배는 그에게서 '빛'이 났다고 말했다. 그가 돌봤던 한 난소암 말기 할머니 환자는 "이 어린 의사가 날 살렸다"라며 주위 사람들에게 말하고 다녔다.

그는 소유에 집착하지 않고 예수 그리스도의 주권을 인정하는 삶을 살고자 했다.

"우린 무엇인가를 움켜잡으려거나 그 움킨 것을 놓지 않으려고 발버둥을 친다. 하지만 주님은 그 움켜쥔 손이 펴지기를 기다리신다. 그 손을 펼치지 않고서는 아무것도 주실 수 없기 때문이다. 내 연약함을 인정할 때, 나는 아무것도 할 수 없음을 철저히 깨달을 때 비로소 꼭 쥔 손을 펴고 그분으로부터 오는 것을 받을 수 있다.

그분을 향해 손을 펴자. 눈과 귀를 열어 주님을 만나자. 그 음성을 듣자. 풍랑은 잠잠해질 것이며 우리는 물 위를 걸어 주님께 다가갈 것이다."

그가 꽃다운 나이에 하나님의 부르심을 받았을 때, 영정사진이 걸리기 전부터 장례식장은 물밀 듯이 밀려오는 조문객으로 발 디딜 곳이 없었다. 어떤 계산도 깔리지 않은 순전한 슬픔을 가진 그의 벗들과 선후배들 4천 명이 넘게 온 것이다. 그 안에는 병원을 청소하시는 분, 식당 아줌마, 환자 도우미, 매점 앞에서 구두 닦는 분도 계셨다. 그들 한 분 한 분에게는 저자가 은밀하게 베푼 사랑의 이야기가 들어 있다. 구두 닦는 분은 자신에게 항상 허리를 굽혀 공손하게 인사한 의사는 그 청년이 평생 처음이라고 했다.

김록권 전 국군의무사령관 중장은 책의 추천사에서 '안수현 대위를 추억하면 예수님께서 군의관의 옷을 입으시고 한국 땅에 나타나셨다가 가신 것 같은 착각이 듭니다. 안 대위는 헐벗고 굶주린 자들을 위해 본인이 가진 모든 것을 내어 놓았습니다'라고 했다.

# 벼랑 끝에서 온몸으로 만난 은혜의 하나님

『땅끝의 아이들』
이민아 지음 | 시냇가에심은나무

이제 고인이 된 저자는 불꽃같은 삶을 살다가 홀연히 하나님의 품으로 떠났다. 세상의 사랑과 아버지의 인정에 목말라하며 몸부림치던 삶, 인간적으로 볼 때 비극의 연속이라고 볼 수밖에 없는 한계상황, 그리고 벼랑 끝에서 온몸으로 만나게 되는 은혜의 하나님, 이 모든 이야기가 이 책에 담겨 있다.

책의 띠지에는 '한국의 대표 지성인이자 무신론자였던 이어령 초대 문화부 장관으로 하여금 영성의 문지방을 넘게 만든 딸 이민아 목사의 아주 특별한 신앙 이야기'라고 쓰여 있다. 그렇다. 저자 이민아 목사의 아버지는 우리 모두가 다 아는 이어령 전 문화부 장관이다. 하지만 저자에게는 아버지의 이름이 영광인 동시에 큰 부담이었다.

저자는 어렸을 때부터 많이 들은 '아무개 씨 딸'이라는 말 때문에 아버지의 체면을 손상시키지 말아야 한다는 일념으로 어린 시절을 보내게 된다.

아버지의 이름에 피해를 주지 않기 위해 치열하게 공부한 결과, 이화여대 영문과를 조기 졸업할 정도였지만 졸업과 동시에 결혼을 해서 미국으로 이민을 간다. 로스쿨에서 변호사 자격을 취득하고 캘리포니아 주 검사로 임용되면서 성공한 교포의 삶을 살려는 순간, 결혼생활이 파경을 맞는다. 어렸을 때 아버지에게 충분한 사랑을 받지 못한 상처를 위로받으려던 결혼이 허무하게 끝나자 큰 절망감에 빠지지만 이내 신앙생활로 몸과 마음을 추스른다. 하지만 안정된 생활도 잠시, 암의 재발, 둘째 아이의 장애 판정, 첫 아이의 갑작스런 사망 등으로 피폐해진다. 망막 손상이 계속 진행돼 거의 실명 위기에도 이른다.

다른 사람이라면 쉽게 무너졌을 거듭된 시련과 시험에도 저자는 세계를 다니며 하나님의 말씀을 증명하는 일에 힘썼다.

저자는 장남의 묘비명을 정하던 날, 하나님께서 꿈에 나타나 "이 아이가 지금 아버지 집에서 편히 쉬고 있다. 슬퍼하지 말아라. 지금 기뻐하며 잘 쉬고 있다"라면서 자신을 위로해주셨다고 한다. 저자는 그 꿈을 꾼 후 아들의 묘비명을 '유진 김, 1982년 7월 29일부터 2007년 9월 4일, 그의 아버지 집에서 이제 편히 쉬고 있습니다(Resting in his Father's house)'로 했다고 한다.

제목 '땅끝의 아이들'의 의미에 대해 머리말에서 설명하고 있다. 비행 청소년들을 선도할 때 하나님의 깊고 무한한 사랑을 알지 못하는 아이들이 땅끝에 서 있다는 생각을 했는데, 생각해보니 누구든 하나님을 믿지 않고 영접하지 않으면 땅끝에 선 아이들일 수밖에 없다는 사실을 알게 되었고 그것을 나타내기 위해 '땅끝의 아이들'을 책의 제목으로 정했다고 한다.

실제로 저자는 고가의 상담비를 받을 수 있었지만 변호사라는 직업인이 아닌 하나님의 일꾼이라는 명분으로 무료 상담과 선도에 나섰다. 폭력과 범죄와 마약에 빠져 신음하는 아이들에게 하나님의 말씀과 사랑을 전했다. 목회자로서 본격적인 청소년 사역을 벌인 것이다. 사랑과 인내심을 갖고 말씀을 전해줬을 때 놀라운 변화가 '땅끝의 아이들'에게 일어났다. 그들은 꿈을 꾸기 시작했고 마음을 열어 사랑하기 시작했다. 저자의 노력으로 더 이상 땅끝에 서 있는 아이들이 아니었던 것이다.

이 책은 저자가 하나님을 영접한 이후 일어났던 여러 가지 시련과 시험, 그것을 극복하게 한 하나님의 역사, 보고 들은 놀라운 영적 체험과 깨달음을 구술 형식으로 쓴 하나님에 관한 간증서다. 상상을 초월하는 고난을 통과한 후 저자는 이전보다 더 크고 확고한 믿음의 주인공이 되었다. 당신도 저자가 만난 하나님을 만날 수 있고 섬길 수 있다.

# 절망이 희망으로 바뀌는 기적

『닉 부이치치의 허그』
**닉 부이치치** 지음 | **두란노**

'닉 부이치치'라는 이름은 이제 절망을 딛고 일어선 승리의 아이콘이 되었다. 팔다리가 없어도 서핑에 도전하고 드럼을 연주하고 타이핑을 치는 등 항상 새로운 일에 도전하는 닉 부이치치는 세계뿐만 아니라 한국에도 널리 알려진 인물이다. 특히 청소년과 장애인들에게 용기와 도전, 희망의 메시지를 전하고 있다.

그는 세르비아 출신의 신실한 목회자인 아버지와 어머니 사이에서 장남으로 태어났다. 하지만 평범한 탄생이 아니었다.

"아기는 괜찮은 거죠?"라는 어머니의 질문에 의사는 대답 대신 소아과 전문의를 불렀다. 출산을 지켜보던 아버지는 아기에게 팔이 없다는 사실을 확인하고는 부축을 받으며 분만실을 나갔다. 한참 후, 힘을 내서 아기를 본 아버지는 아기가 보기 싫다는 아내에게 속삭였다. "여보…, 근데 애가 참 예뻐."

닉 부이치치는 세 번이나 자살을 시도할 정도로 힘든 어린 시절을 보냈지만 부모의 사랑과 적극적인 지지로 중고등학교를 다니며 학생회장을 지냈고 대학교에서 회계와 경영을 전공했다. 15세에 하나님을 인격적으로 만났고, 19세 때부터 지금까지 세계를 다니면서 다양한 청중을 대상으로 강연을 하고 있다.

그의 첫 번째 책인 『닉 부이치치의 허그』는 총 4부로 구성되어 있다. '1부 절망이 희망이 되는 삶'을 보면, 저자는 종종 "어떻게 그렇게 행복하게 사세요?"라는 질문을 받는다고 한다. 그때마다 그는 '나도 하나님의 피조물이다. 그분은 특별한 계획을 갖고 나를 창조하셨다'라는 깨달음이 행복의 비결이라고 말한다.

그는 자신의 삶에 한계가 없다고 믿는다. 남들에게 없는 독특한 문제를 가졌지만 그 덕분에 어려움을 겪는 이들에게 손을 내밀 수 있는 특별한 기회들도 활짝 열렸다고 생각한다.

"자신이 무엇보다도 아름답고 소중한, 온 세상의 다이아몬드로도 살 수 없을 만큼 값진 하나님의 자녀임을 잊지 말라. 나와 당신은 그분이 그린 설계도에 딱 들어맞는 존재들이다. 그러므로 더 나은 인간이 되는 것을 목표로 삼고 더 큰 꿈을 꾸며 장벽을 뚫고 나아가 보도록 하자. 가다가 조금씩 진로를 수정할 필요는 있겠지만 값진 인생이라는 사실에는 변함이 없다."

눈먼 사람으로 태어난 것이 이 사람의 죄인지, 그 부모의 죄인지에 대해 묻는 제자들에게 예수님은 '이 사람이나 그 부모의 죄로 인한 것이 아니라 그에게서 하나님이 하시는 일을 나타내고자 하심이라(요한복음 9장 3절)'고 말씀하셨다.

이 말씀이 저자의 마음을 온통 뒤흔들어 놓았다고 한다. 갑자기 새로운 가능성이 활짝 열렸다. 성경 말씀을 읽는 동안 단 한 번도 맛본 적 없는 엄청난 평안이 밀물처럼 밀려왔다. 이 말씀으로 닉은 큰 기쁨과 힘을 얻었다.

'2부 생각이 현실이 되는 삶'에서는 '있는 모습 그대로 충분하다', '태도를 바꾸면 인생도 바뀐다'라며 격려하고 있다. 사람들 대부분은 있는 그대로의 자신을 사랑하는데 힘들어한다. 못생겼다, 키가 작다, 뚱뚱하다, 성격이 나쁘다 등의 감정의 짐을 지고 허덕이고 있다. 비교의 잣대로 자신을 바라보게 되면 점점 심약해져서 열등감에 빠지며 결국 자신이 희생자라는 피해의식이 생길 수밖에 없다. 자신을 있는 모습 그대로 받아들이지 않으면 외로움과 고립감에 빠지게 된다.

스스로를 사랑하고 인정하는 마음가짐은 자신에게만 집중하는 이기적인 사고방식과는 전혀 다르다. 우리는 하나님의 자녀이며 모두 주님의 무조건적인 사랑과 용서의 대상이다.

"자신을 사랑하고 용납하는 마음가짐은 자기 연민과 피해의식을 치료하는 확실한 처방이다. (중략) 스스로 하나님의 자녀요, 거룩한 섭리의 일부라는 자부심을 갖는다면 지금과는 다른 인생을 마음껏 즐길 수 있을 것이다."

'3부 실패가 기회가 되는 삶'에서는 "다시 일어설 수 있다면 넘어져도 좋다"라고 말한다. 저자는 종종 높은 데서 떨어지는 일이 많았다. 테이블, 의자, 침대, 층계, 비탈에서 구르곤 했다. 그렇게 넘어지고 쓰러지기를 수없이 했다. 그래서 바닥에서 일어서는 법을 스스로 익혔다. 쿠션에 기대는 대신 벽이나 의자, 소파로 기어가서 이마를 대고 지렛대의 원리를 이용해 조금씩 몸을 일으켰다. 처음부터 쉽지 않았지만 좌절하지 않고 끊임없이 도전했다.

도전은 인간을 더 강하게 하고 훌륭하며 끈기 있는 존재로 만들어준다. 인생의 돌파구가 된다는 점에서 실패가 일종의 선물이라고 해도 지나친 말은 아니다. 저자는 실패의 경험에서 네 가지 소중한 가르침을 얻었다고 한다.

1. 실패는 위대한 스승이다.

2. 실패는 됨됨이를 바로 세워준다.

3. 실패는 삶에 자극을 준다.

4. 실패는 성공에 감사하게 한다.


승리자는 예외 없이 패배의 시간을 거쳤고 챔피언은 한결같이 험난한 훈련을 견뎌냈다. 인내는 성공을 향해 달려가는 여정에서 꼭 필요하다. 닉 부이치치는 실패가 거듭될 때마다 거기에 짓눌리지 않고 더 강하고, 더 창의적으로 꿈을 좇기로 마음먹었다.

'4부 한계가 비전이 되는 삶'에서는 "안전지대에서 걸어 나오라"고 말한다. 내일로 미루지 말고 바로 지금 모험을 즐기라고 말하면서 다음과 같이 제안한다.

"시간을 내서 삶을 즐기고 사랑하는 이들과 어울려 행복한 시간을 보내라. 밝게 웃고, 사랑을 쏟고, 엉뚱한 일을 벌이면 다른 이들과도 재미를 공유할 수 있다."

성장은 안전지대에서 나오는 순간부터 시작되는 것이다.

끝으로, 저자는 "작은 나눔이 세상을 바꾼다"라고 말한다. 사람들을 위해 얼마나 많은 일을 할 수 있을지에 대해서는 염려할 필요가 없다. 그저 누구보다 먼저 손을 내밀기만 하면 된다. 어려운 이웃에게 손을 내미는 창의적인 방법은 무수히 많다. 기독교인들은 이 세상을 살아가는 '하나님의 손과 발'이다.

이 책에서 저자는 신체적 장애를 극복하고 진정한 행복을 찾는 과정을 통해 메시지를 주고 있다. 그가 자신의 가치를 발견해 내는 과정은 그 어떤 소설보다 아름답다. 신체적 장애로 인해 겪은 아픔과 절망, 그리고 그것을 뛰어 넘어 행복을 누리고 또 다른 사람들에게 전하기까지의 과정을 생생하게 그려내고 있다.

**더 읽어볼 책** ··········································································

- 『나에게는 꿈이 있습니다』 **마틴 루터 킹** 지음 | **예찬사**
- 『남김없이 내려놓음』 **조니 램** 지음 | **바이탈북스**
- 『마르틴 루터』 **오병학** 지음 | **규장**
- 『십자가와 칼』 **데이빗 윌커슨 외** 지음 | **베다니출판사**
- 『벤 카슨의 싱크 빅』 **벤 카슨** 지음 | **솔라피데**
- 『에릭 리들』 **자넷 벤지 외** 지음 | **예수전도단**
- 『영혼의 순례자 반 고흐』 **캐슬린 에릭슨** 지음 | **청림**
- 『장기려, 그 사람』 **지강유철** 지음 | **홍성사**
- 『조지 뮬러』 **자넷 벤지 외** 지음 | **예수전도단**